水と暮らしの信仰

―川を巡る民俗文化

板垣　時夫

埼玉新聞社

水の災いを防ぐ

香取神社の八大龍王（三郷市花和田）

旗井神社の九頭龍大権現（加須市旗井）

利根川堤防に祀られる「水神宮・風神宮」（加須市飯積）

牛像にまたがる大威徳明王塔（吉川市加藤）

「河童石」として地元で親しまれる「砥根河重疏碑」（松伏町金杉）

旧古利根川堤防上の八大龍王（松伏町大川戸）

流れ着く神や仏たち

御神体が元荒川の河畔に流れ着いたという第六天神社（さいたま市岩槻区大戸）

大水のとき大獅子の頭が流れ着いたという二丁目の獅子舞（八潮市二丁目）

古利根川から現れたという延命院の虚空蔵菩薩（三郷市彦倉）三郷市教育委員会提供

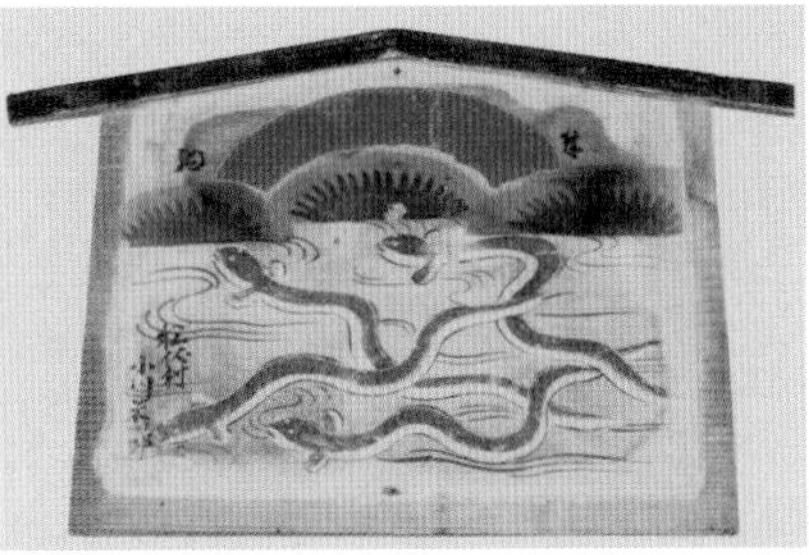

親子うなぎを描いた小絵馬。延命院ではうなぎ供養塔を建立し、「うなぎ供養会」を行っている。

延命院虚空蔵堂（三郷市彦倉）

利根川の大洪水のとき、この地に流れ着いたという鷲神社の神輿（加須市弥兵衛）田上良平氏提供

江戸川に流れ着いたという小流寺の聖徳太子像
（春日部市西宝珠花）

大水のときに流れ着いたという観福寺の不動明王像
（白岡市野牛）

獅子頭が利根川に流れ着いたという三神社の獅子舞
（羽生市桑崎）

獅子頭が古利根川に流れ着いたという松伏神社のささら獅子舞（松伏町松伏）

三郷市番匠免から流れ出て、品川沖で拾われたという御神面（牛頭天王面）（東京都品川区）

土中から出現したという清浄寺の親鸞聖人像（吉川市木売）吉川市教育委員会提供

天空から飛来したという歳神様の掛軸（白岡市野牛）

濁流の中を鯉と泥亀に囲まれ流れ着いたという八坂神社の神輿（久喜市栗橋）久喜市教育委員会提供

大水から村を救った巡礼

母娘の巡礼が描かれている権現堂順礼碑（幸手市権現堂）

砂原弁財天社では地域の人がオトキと称して供養を行っている（加須市砂原）

巡礼の母娘にまつわる悲話を伝える権現堂順礼碑（幸手市権現堂）

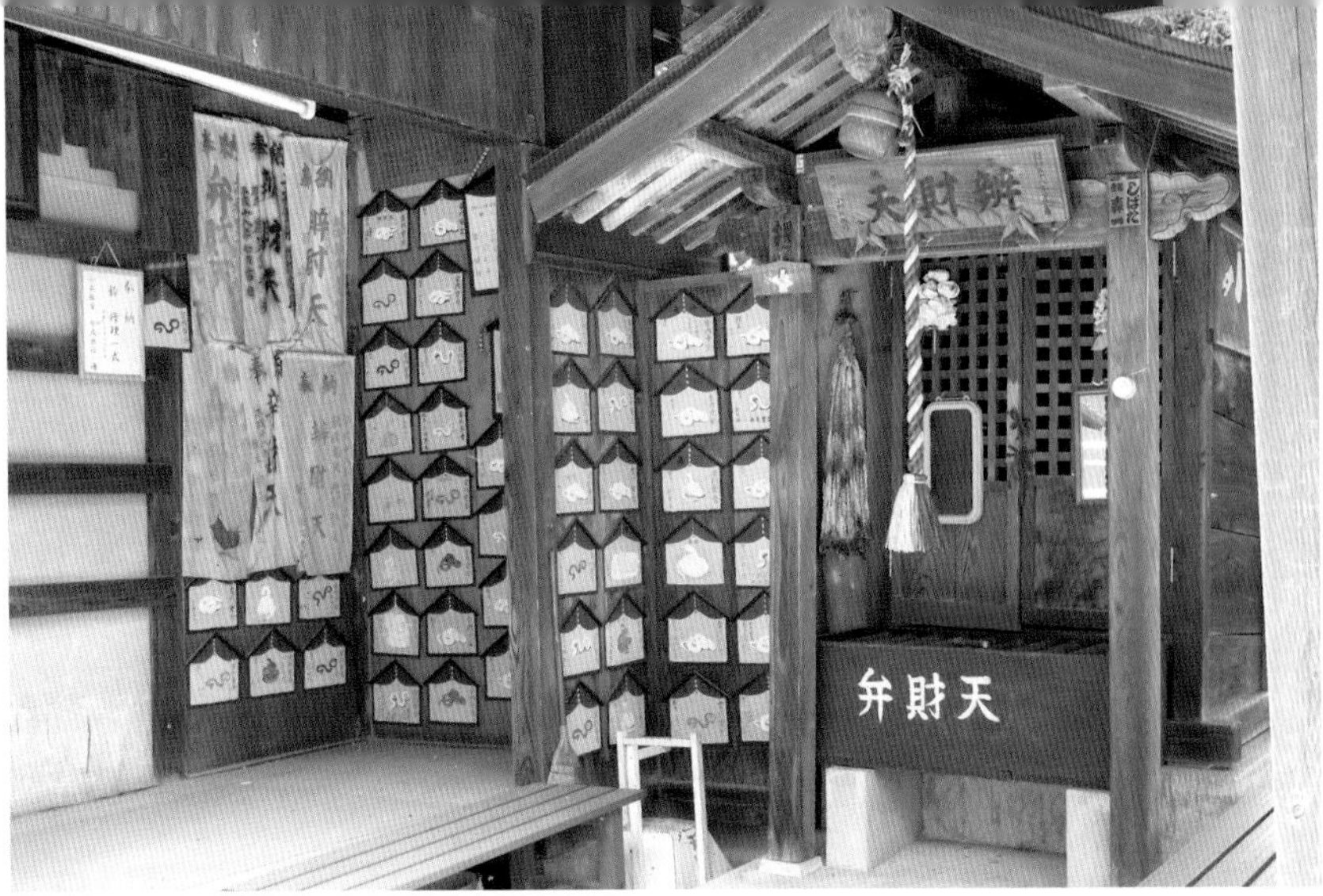

利根川の決壊口をふさいでくれた巡礼の娘を祀る砂原弁財天社（加須市砂原）

浅間神社の獅子舞「太刀の舞」―太刀で茶碗に渡された桜の枝を勢いよく断ち切る（三郷市戸ヶ崎）

浅間神社の獅子舞「太刀の舞」―大獅子が太刀で病気を退散させる（三郷市戸ヶ崎）

洪水から村を救ったという巡礼の母娘が祀られている川圦神社（加須市外野）

カスリーン台風では多くの人が避難した石段のある水塚（加須市弥兵衛）

芝や樹木が植えられている水塚（白岡市柴山）

東部地域の水田地帯にみられる典型的な水塚（加須市砂原）

日光街道栗橋宿で14代続いた商家の吉田家水塚　久喜市指定有形文化財（久喜市伊坂）

石で覆われた高さのある水塚（加須市麦倉）

舟底を上にして吊るしたアゲブネ（白岡市爪田ケ谷）

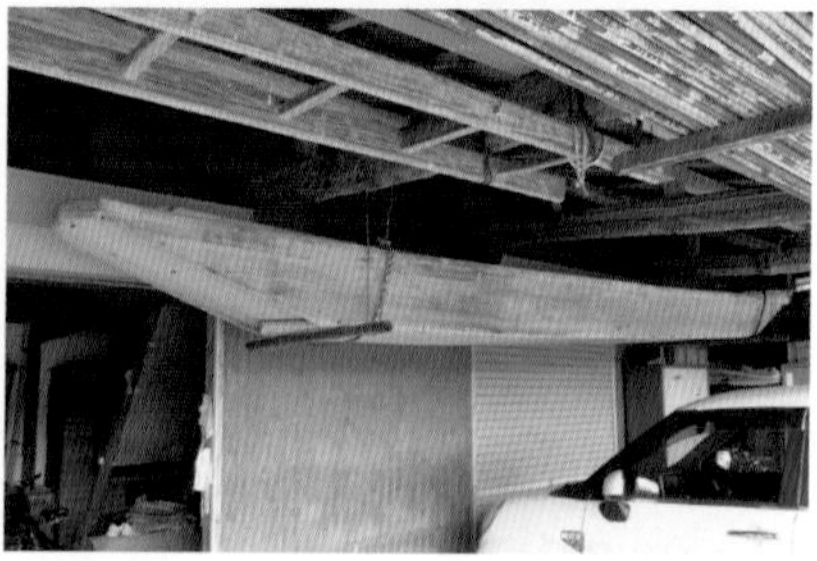

舟底を下にして吊るしたアゲブネ（加須市麦倉）

豊かな稔りを

掘上田の稔り

大島新田の掘上田（昭和 21 年）地理空間情報ライブラリー・国土地理院提供

宮代町笠原沼の掘上田（昭和 40 年代）宮代町郷土資料館提供

掘上田でのウッツリの作業（『大島新田の歴史と民俗第二集』より）

田舟による稲上げ風景（『低湿地で行われた新田開発（堀上げ田）と稲作』より）

掘上田でのノロアゲの風景
（『大島新田の歴史と民俗第二集』より）

四手網と突ヤスでの魚捕りの様子
宮代町郷土資料館提供

中水道の藻刈りの風景
（『大島新田の歴史と民俗第二集』より）

大蛇が巻き付けられた鳥居の前に集まる鷲神社天王様の関係者（加須市弥兵衛）

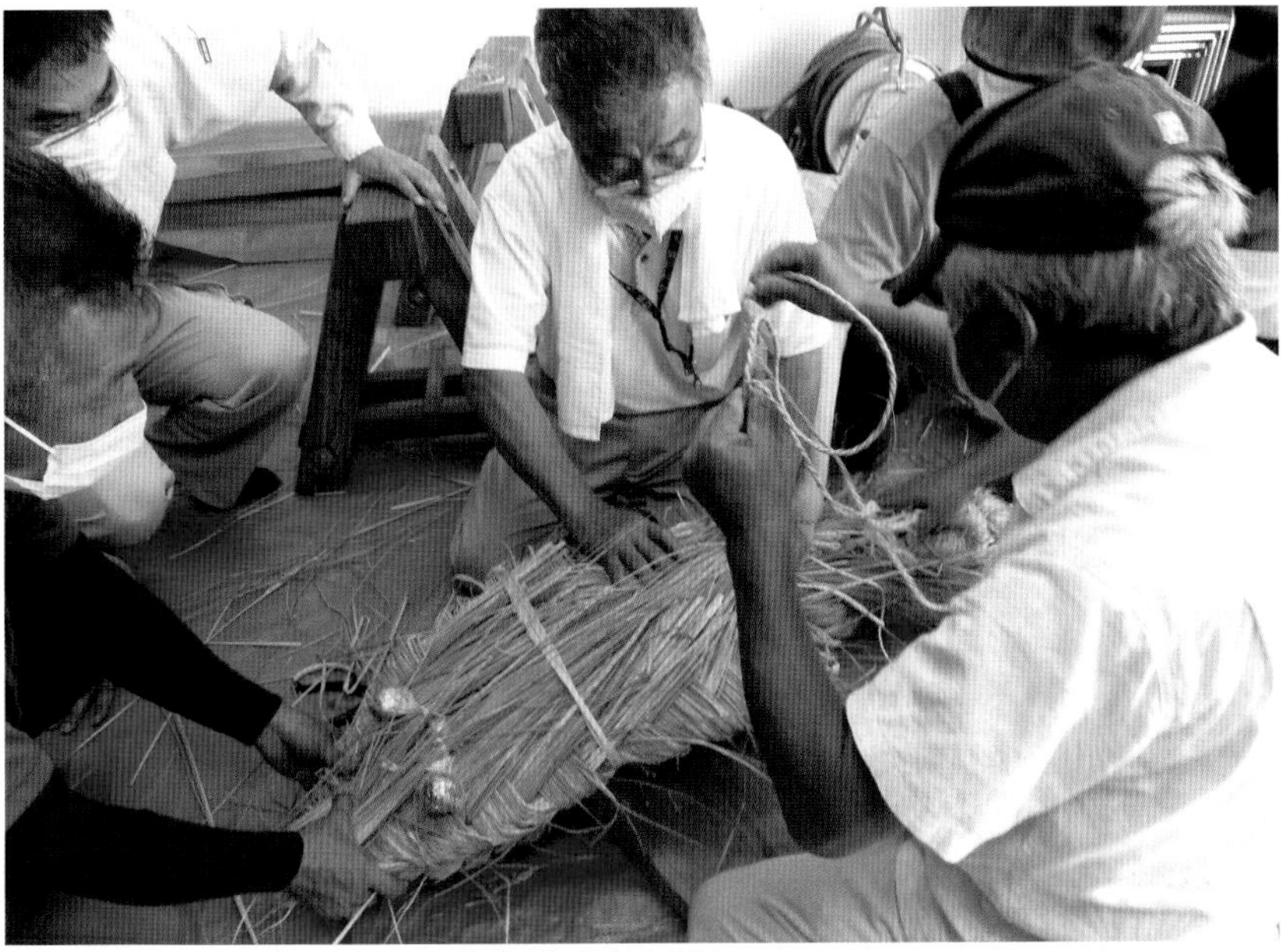

鷲神社での「大蛇作り」― 頭部を作る作業（加須市弥兵衛）

香取浅間神社での三匹獅子舞では、数々のコロナ感染予防対策がとられた。獅子舞関係者や観客もマスク着用（三郷市戸ヶ崎）

パーテーションに仕切られた中で演奏する笛方

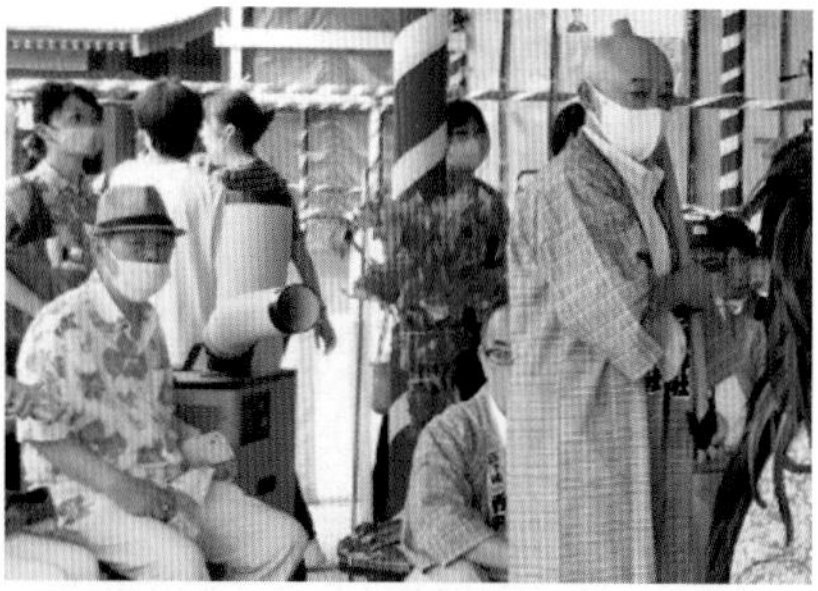

左隅に置かれた空気送風機で舞場全体の空間除菌

暑さ対策用のテント

例年の半分の 40 店舗に減らして出店した露店

水と暮らしの信仰

――川を巡る民俗文化

板垣　時夫

はじめに

本書は、埼玉県東部地域に暮らす人々の暮らしや民俗を「水との関わり」をキーワードにまとめたものである。県東部地域は、中川低地、加須低地が広がり、市町境の多くは河川が流れている。河川は中川水系に属し、中川に合流する大落古利根川、元荒川、綾瀬川とその支流川など多くの河川で構成されている。

第一章では、水の恵みと畏怖に対する信仰として、「水神信仰」を取り上げた。水神は堤防の決壊地点付近などに祀られることが多い。水神として特徴的なものに加須市域の「九頭龍大権現」、吉川市、三郷市、松伏町の旧二郷半領の「八大龍王」が祀られている。

第二・三章では、水にまつわる伝承として「漂着神伝承」、「人柱伝承・土手切り伝承」を取り上げた。「漂着神伝承」とは、洪水時などに漂着する神像、仏像や社殿、神輿などを祀ったとする伝承である。漂着神伝承の多さや多様性は、多くの河川が流れて、しばしば洪水に襲われた県東部地域の特徴でもある。「人柱伝承」は、決壊した堤防の復旧工事の完遂のために巡礼の母娘などが人柱となる伝承である。「土手切り伝承」は、自分の村を決壊から守るため対岸の土手を切りに行くという話である。

第四章では、洪水常襲地帯の住まい方として「水塚」を取り上げた。水塚とは大水が来てもまごつかないように母屋の一隅に土を盛った避難施設のことである。

第五章では、低湿地の生業として、県内では県東部地域だけで行われていた「掘上田」を取り上げた。江戸時代の享保年間の見沼代用水の開削などにより用水が確保され、沼地や低湿地の排水が可能となり、新たな水田として各地に「掘上田」が造られた。

令和二年からの新型コロナウイルスの猛威により、各地の祭礼行事が中止・縮小を余儀なくされた。第六章では、コロナ禍での民俗行事、伝統芸能の在り方について、加須市弥兵衛の祭礼行事と三郷市戸ヶ崎の獅子舞を紹介した。

なお、本書の掲載写真は、著者が調査時に撮影したものを中心に使用し、提供を受けた写真には提供者の名を記した。

東部地域の範囲は、行田市、羽生市、加須市、幸手市、杉戸町、久喜市、蓮田市、白岡市、宮代町、春日部市、越谷市、松伏町、吉川市、八潮市、三郷市、さいたま市岩槻区である。

令和五年二月

板垣時夫

目次◎水と暮らしの信仰――川を巡る民俗文化

第三章　大水から村を救った巡礼　59

―人柱伝承・土手切り伝承―

第四章　洪水から命を守る知恵　77

―水塚―

第一章

水の災いを防ぐ——水神信仰——

水神社―綾瀬川堤防上にあり、大正７年に水運関係者によって祀られたものである。水神宮には発起人と船持中世話人の名が連名で記されている（八潮市南後谷）

1　低地での営みを紹介

　はじめに、県東部地域の地形と河川との関係を見てみたい。水利に恵まれた自然環境は、県内有数の穀倉地帯を生み出している。反面、繰り返し水害が発生し人々を苦しめてきた。県東部地域において、水との関わりは重要なことである。

◇川に挟まれた地形

　東部地域は荒川と江戸川に挟まれた地域で、関東ロームに覆われた洪積台地と利根川や荒川による洪水堆積物によって生じた沖積平野により構成されている。利根川に沿う低地として「妻沼低地」と「加須低地」があり、さらに中川に沿う「中川低地」がある。

　標高は、行田市北部で二〇メートル前後、春日部市付近で五、六メートル前後、八潮市、三郷市付近で一、二メートル前後である。勾配の平均は、〇・二パーセントほどのほぼ真平らな地形で、大水が出ると水が滞留して洪水の被害が出やすい地域でもある。

◇穏やかな三四の河川

　東部地域の河川は、羽生市内を起点に東部を貫流して東京湾に注ぐ中川と、中川に合流する大落古利根川、元荒川、綾瀬川とその支流川が中川水系に属している。

　大落古利根川は、杉戸町・久喜市境を起点に、元荒川は熊谷市内を起点に、それぞれ松伏町・越谷市境で中川に合流する。綾瀬川は桶川市内を起点に、葛飾区内で中川に合流する。さらに、中川水系四川の支派川として、三四河川が流れている。

　中川水系の諸川は本格的な源流を持たない低地のみを流れる河川であることや、流れの穏やかさは全国的にも際立っているなどの特徴がある。

◇繰り返される水害

東部地域では、「ゲエロ（蛙）の小便でも水が出る」と言われ、洪水や地水が発生し、人々は水の災いに苦労を強いられてきた歴史がある。特に、天明三年（一七八三）の浅間山大噴火は利根川周辺に降砂をもたらし、大噴火以降たびたび洪水が発生している。

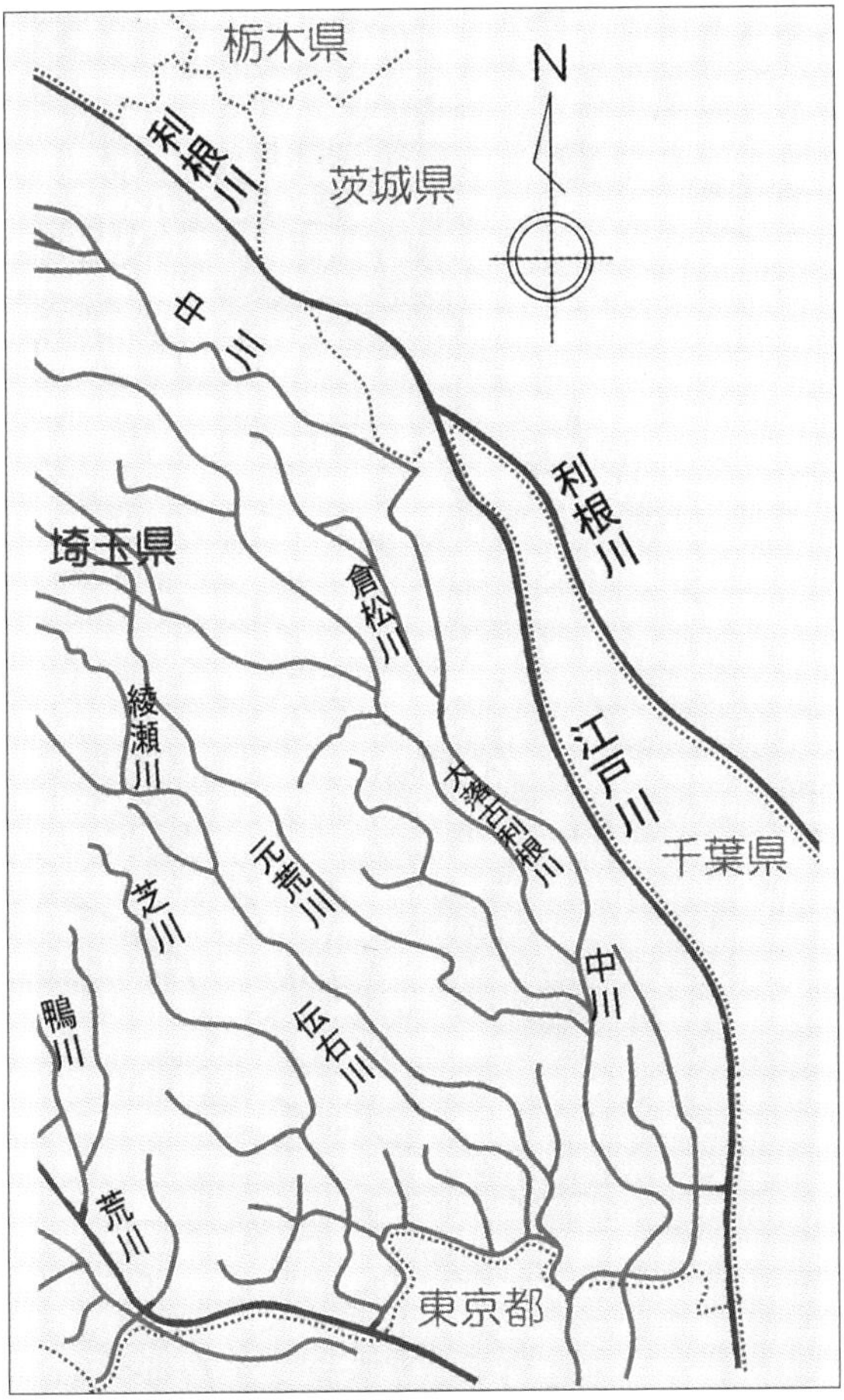

県東部の河川図（作図・宮崎博）

明治以降の洪水として、明治四三年（一九一〇）の話は今でも語り継がれている。また、昭和二二年（一九四七）のカスリーン台風では、九月一六日に北埼玉郡東村（現加須市）の利根川堤防が決壊し、北葛飾郡、北埼玉郡を中心に東部地域に甚大な被害をもたらした。

カスリーン台風の被害状況・栗橋駅付近（「昭和二十二年九月　埼玉県水害誌附録写真帳」より）

2 水神として祀られる神々

社寺の境内や路傍、堤防付近などで「水神宮」などの石碑を目にすることがある。東部地域では、水との関わりの中で多様な水神信仰が育まれてきた。

水神　水に関わる多種多様な神の総称である。『広辞苑』には、水神を「水、特に飲用水・灌漑用水などをつかさどる神。また、火災を防護する神。水伯」とある。水神は村の鎮守や個人の屋敷神として祀《まつ》られている。

井戸神様　井戸に祀られる神様で、イドガミサマ(井戸神様)と呼ばれ、特に祠などは設けない。正月には、輪飾りなどの注連飾りを飾り、オソナエを供える。また、その年に最初に井戸水を汲む「初水汲み」が行われる。井戸神様は、目の病である「ものもらい」ができたときや危篤に際して、頼みごとを聞いてくれる神としても信仰されている。

弁財天　仏教とともに伝わった大河の神であり、知恵・財力に功徳があると言われている。弁財天社の多くは水神としての性格から水辺に祀られている。また、村の鎮守として祀られたり、個人の屋敷神としても祀られたりする。

特徴的な弁財天として、八潮市の八条・二丁目・大瀬では、海の船頭の守護神として信仰されている江之島弁財天がみられる。八潮市域の水運関係者が日本三大弁財天として江戸時代から有名な江の島弁財天を勧請し、水運の安全を祈願して祀ったものである。

大杉様（大杉神社）　大杉神社は茨城県稲敷市阿波に鎮座する「阿波本宮　大杉神社」を本社としている。大杉信仰は、疫神としての側面と河川交通の水上安全の守護神としての側面がある。東部地域は大杉信仰が盛んで大杉神社が多く祀られ、大杉講が各地に組織されている。

大杉講は春日部市、北葛飾郡内の多くの河岸問屋や水運関係者で講社を結成、信仰していた。大杉神社はアンバサマとも言われ、船頭や河岸問屋の多くは、水難防止や運航の無事を祈り、大杉神社を信仰している。お参りしていただいた水難除けの御札を河岸問屋では神棚に、船頭は船のセジと呼ばれる部屋の中に祀って航行の無事を祈った。

幸手市には権現堂河岸などがあり、水運関係者が多かった。市内には幸手市中四丁目の幸宮神社と中二丁目の神明神社などに大杉神社が祀られている。

元荒川堤防上の弁財天。水神社とともに祀られている（白岡市柴山）

鎮座する大杉神社（茨城県稲敷市）

3 三郷では人柱伝承も

県東部地域で祀《まつ》られる特徴的な水神として、九頭《くず》龍《りゅう》大権現《だいごんげん》と八大龍王《はちだいりゅうおう》がある。

九頭龍大権現は、九つの頭を持つ龍が洪水時に水害を防ぎ、日照りに水を呼ぶという農耕の神である。長野県戸隠神社の奥社に祀られているものが著名。龍の胴体が堤防の形に似ているところから「堤防の守り神」として、堤防の決壊地付近などに祀られるようになった。

県東部地域では加須市内に五基が祀られている。利根川決壊地点付近の旗井神社の嘉永元年（一八四八）銘の九頭龍大権現は、「天下泰平　領内安全　水難除守護」などの願いが刻まれている。また、生出《おいで》地区の路傍には二基の九頭龍大権現が祀られ、願主は「金子清左衛門　村中」、一基には文政四年（一八二一）の年号が見える。さらに馬内地区の諏訪神社には、天保八年（一八三七）銘の九頭龍大権現が祀られている。

このように堤防の決壊地付近に九頭龍大権現を祀ることは、被害を受けた人や場所の供養だけでなく、水害時に守るべき地点を示した先人の知恵でもある。これらの九頭龍大権現は水害を後世に伝える災害記憶遺産でもある。

八大龍王はあまり聞きなれない水神ではあるが、洪水をおさめ、雨を降らせるなど、霊験あらたかな神として信仰されてきた。八大龍王を祀る地域は三郷市、吉川市、松伏町などの旧二郷半領の村々に顕著にみられる。

八大龍王は単体で祀られるものと、水神社と一緒に祀られるものがある。特に天明三～八年（一七八三～八八）の六年間には、三郷市で一三基、吉川市で一八基、水神宮と一緒に祀られている。これはコロナ禍でアマビエが大ブームとなったような、「流行神」的な信仰が発生し、これだけ同時期に競って建立されたと思われる。

三郷市花和田の香取神社には、天明八年銘の「水神宮・八大龍王」が造立されている。この案内板には「合祀されている祭神のうち八大龍王命は、昔この地方の八人の名主が水害からこの地方を守るため、人柱となってくれた八人の命を水神様として祀ったものである」と記されている。この伝承は、水害から地域を守ったという「人柱伝承」である。

旗井神社の九頭龍大権現（加須市旗井）

香取神社の水神宮・八大龍王（三郷市花和田）

4 堤防の無事を祈る水神

令和元年（二〇一九）一〇月一二日、台風一九号がもたらした水害の記憶は生々しい。県内では越辺川などが決壊して特別養護老人ホームが一時孤立した。利根川では、水位が急上昇し、加須市では一三日深夜一時に避難指示が発令された。

現在のような、気象観測や土木技術がない時代には、人々は水神に堤防の無事を祈った。ここでは利根川沿いにある水難除けの水神を紹介する。

水神宮・風神宮　加須市飯積の利根川堤防中腹には、安政六年（一八五九）銘と文化一三年（一八一六）銘の水神宮・風神宮が祀《まつ》られている。二つの水神は、利根川堤防を雨風の災害から守るために飯積村の先人たちが祈りを込めて建立したものである。今でも河川敷専用許可標柱には、「目的　水神宮奉賛会の発展と水難除け」と明記され、河川管理者のお墨付きをいただいている。

水神宮　行田市酒巻の神明社境内の寛政八年（一七九六）銘と文化七年（一八一〇）銘の水神宮は、利根川の堤防上に祀られていた。以前祀られていた堤防は、利根川の流路がカーブする地点にあった。上流から流れてくる川の水はこの水神宮のあった堤を目掛けて突き当たり、そこで向きを変えて下流に注いでいた。

そのため、ひとたび大水が出ると一番危険な場所となり、水害に遭遇しないよう、ここに水神を祀ったという。この水神宮は、珍しく裏面にも「水神」、「山宮神」の文字が刻まれており、表と裏に神名を刻み願いを掛けている。

龍蔵宮と松平大和守生祠　羽生市本川俣の長良神社には、寛政七年（一七九五）銘の「龍蔵宮《りゅうぞうぐう》」の石祠が祀られている。「龍蔵」とは、近くにある利根川の「龍蔵堤」のことで、天明六年（一七八六）七月一六日と寛政三年（一七九一）八月七日の二度決壊し、付近は水害に見舞われた。この石碑は堤防の無事を願って、付近の村々の人たちが祀ったものである。

この水害に対して、領主の川越城主松平大和守は困窮する領民に食糧を与え、租税も五年間免じた。この思いに報いようと惣百姓、組頭、名主などが願主となり、そのいわれを後世まで伝えようと「松平大和守生祠《せいし》」を寛政六年（一七九四）に建立した。

長良神社の龍蔵宮（羽生市本川俣）

災害時には自分自身を守るという自助が必要であるが、やはり公助も大切である。

利根川堤防に祀られる「水神宮・風神宮」（加須市飯積）

5 水神のそばに河童や亀

東部地域に祀《まつ》られる水神。先人たちの祈りや願いに触れ、造形や造立の趣旨など特徴的なものを見ていくと、河童《かっぱ》や亀にまつわるエピソードが思いの外多く掘り起こされる。

ここで紹介する水神は、松伏町金杉の江戸川堤防付近に建立されている松伏町指定文化財「砥《と》根《ね》河《がわ》重《じゅう》疏《そ》碑《ひ》」である。

石碑は、水害に悩まされていた地元の人たちが、元文元年（一七三六）に建立。水害をなくすため庄内古川と江戸川の合流地点を南の方へ付け替える河川改修工事が行われ、完成を記念して造られた。

石碑本体の碑身部は四角柱。塔身は亀趺《きふ》と呼ばれ、亀の形に刻んだ台石の背上に立っている。

碑身部は中央より切断されセメントで接着されている。この切断箇所は当地を繰り返し襲った洪水によって折られたもの。文字も箇所によって著しく損傷を受け、その威力を物語っている。

この石碑は「河童石《かっぱいし》の水神社」と呼ばれ、地元の人々はこの河童石を水神様として信仰してきた。講《こう》中《じゅう》が七月二七日に集まり、供え物を上げ、飲食を共にしていた。

碑の正面上部には「砥根河重疏碑」の六文字が隷《れい》書《しょ》で刻まれている。「砥根河」は「利根川」のことであり、近くを流れる江戸川の古名を表している。なぜ「河重」か？　見てのとおり「河重」部分の読み違いに由来するとされる。

現在、河童石のある一帯は、碑文の願いである水害を防ぐ江戸川堤防を大きくする「金杉築堤工事」が行われている。水害を克服する努力は今日も続いている。

ここで登場した河童や亀は水神との結び付きが強い。川で溺れそうになったときは、「河童に足をひかれそうになった」などという。

八潮市などではその年初めて収穫した「初成り」のキュウリに水遊びをする年ごろの子どもの名前を書き、大神宮様に供えてから川に流したという。これは河童に足をさらわれないようとの祈願である。

三郷市寄巻の水神社では、亀は水神の使いであるので、氏子の間では亀を飼うことを控える。また、川で亀を捕まえたときには、御神酒を含ませて放してやるという。

上／「河童石」として地元で親しまれる「砥根河重疏碑」（松伏町金杉）
下／亀趺と呼ばれ、亀の形に刻んだ台石の背上に立っている。

6　水防願い、牛を征服

ここでの水神に登場する動物は牛。石造物に刻まれる動物としては「馬頭観音」や「勝軍地蔵」などの馬が思い浮かぶが牛も多い。

水神は吉川市加藤の旧加藤河岸へ続く古道の傍らにある吉川市指定文化財「大威徳明王塔《だいいとくみょうおうとう》」。数基の石造物と一緒に祀《まつ》られ、水難消除と五穀豊穣を願い、安永三年（一七七四）に建立された。近くには寛永一六年（一六三九）銘の「水神宮」もある。

吉川市加藤は江戸川中流域で水害の常襲地帯であった。江戸川が出水すると合流する庄内古川にあふれ、付近の庄内領、二郷半領にしばしば大きな被害が及んだ。

大威徳明王像は、不動明王などの五大明王のうちの一尊で水牛にまたがる姿から水利や農耕と結び付いて信仰されている。また、利根川流域には、川の淵や川底に潜む「潜牛《せんぎゅう》」が暴れるから水害が起こるという伝承がある。水牛にまたがることは、水害を起こす潜牛を征服することを現している。

石碑正面の大威徳明王像は、炎を表す火焔光を光背に波の上で脚を折り曲げて伏す水牛にまたがる姿が浮き彫りにされている。

明王像は憤怒相の三面六臂《ろっぴ》六足で、三つの顔、六つの腕と六つの足が描かれている。仏像で六本の足があるのはこの明王だけで、「六足尊《ろくそくそん》」とも呼ばれる。六本の足は、布施・自戒など六種の修行を怠らず歩き続ける決意を表しているという。

この水牛には、「潜牛」の面影はまったくなく、親しみのあるユーモラスな像である。

石碑本塔の北・東・南の面の銘文は、三郷市幸房村の出身の『坂東霊場記』を著した高僧亮盛によるもの。二郷半領の老若男女の悲願である「奉造立大威徳明王降伏水牛守護堤塘祈所」の長文の願文が格調高く刻まれている。この碑文から、先人の水防や堤防の守護を願う切実な思いが読み取れる。

余談であるが、伝統的水防工法の一つに「聖牛《せいぎゅう》」、「菱牛《ひしうし》」という洪水時の川の勢いを弱める工法がある。三角錐に丸太を組合わせた双角の形状が牛に似ていることから名付けられた。意外と牛と水防の関係は深いのである。

牛にまたがる大威徳明王塔（吉川市加藤）

旧加藤河岸へ通じる古道に水神塔（左から２基目）とともに祀られている

コラム

全く同じ八大龍王塔

水神碑には「水神」、「九頭龍大権現」、「弁財天」、「八大龍王」などの水神名が刻まれている。ここで紹介する水神塔は、水神名はもちろん、書体、寸法が全く同じ様式の八大龍王塔である。

第一章―9でもふれるが、松伏町大川戸の旧古利根川堤防上にある八大龍王の石碑は、昔からの言い伝えで、古利根川が洪水であふれたときに、川へ飛び込んで水を鎮めてくれた人を祀《まつ》ったものだといわれている。犠牲者は近くの寺の住職、巡礼の母娘など、人によって言い伝えはまちまちである。

この石碑とまったく同じ石塔を中川の河畔で見つけた。

八大龍王は洪水を鎮めるという信仰があり、新たな八大龍王も、中川の洪水を鎮めるために建立されたものであろうか。ちなみに、石塔の高さは九七センチメートル、幅は三五センチメートル、奥行は二四センチメートルである。

古利根川の八大龍王は右側面に「大川戸邑」、左側面に「安政五戊甲二月」と刻まれ、中川の八大龍王は右側面に「安政五戊甲二月」、左側面に「大川戸邑」と刻まれている。このように八大龍王の刻み方はまったく同じである。

同じときに、二基造立して大川戸村の西端と東端に、村を洪水から守るために建立したものであろうか。

上／旧古利根川堤防上　八大龍王塔
下／中川堤防上　八大龍王塔

コラム

「自然災害伝承碑」になった「大威徳明王像」

国土地理院は、令和元年（二〇一九）六月から新たに地図記号に「自然災害伝承碑」を加えた。「自然災害伝承碑」とは、過去に発生した洪水、土砂災害、地震、津波などの自然災害の教訓を後世に伝えようと造られた石碑やモニュメントのことである。石碑やモニュメントには、碑名、災害名、災害の種類、建立年、所在地、伝承内容が記されている。

国土地理院のホームページには、全国の自然災害伝承碑が掲載されている。令和四年（二〇二二）九月に追加公開された伝承碑に、第一章―6で紹介した吉川市加藤の「大威徳明王塔」がある。

この石塔は、二郷半領内（現吉川市、三郷市、松伏町付近）の地域の領民が、安永元年（一七七二）と同二年に発生した水害に対して、水難除けに安永三年に建てたものである。大威徳明王は五大明王の一つで、怒りの表情で水害を起こすといわれる水牛にまたがり、押さえる姿が描かれている。この石仏は、吉川市の指定有形文化財でもある。

ちなみに、県東部地域で「自然災害伝承碑」登録をされている碑などのある自治体は七市で、加須市一三基、幸手市四基、春日部市三基、吉川市三基、蓮田市二基、越谷市一基、久喜市一基である。

大威徳明王塔

自然災害伝承碑　地図記号

7 農の女神「見沼弁財天」

正月の風物詩として、福徳をもたらす「七福神めぐり」。令和二年（二〇二〇）は新型コロナで中止を余儀なくされたところも多い。この七福神の中で唯一の女神が弁財天。弁財天は多くが河沼の水辺に祀《まつ》られ、水に関わる農業の神として信仰されている。

今回紹介する星川弁財天は、星川と見沼代用水路の兼用区間の終点である久喜市菖蒲町上大崎の十六間堰と八間堰のほとりに祀られている。ただし、この弁財天は星川でなく見沼代用水に用水の平安と豊作を祈願して祀られた。星川弁財天をはじめ、見沼代用水周辺には、各地に弁財天が祀られており、「見沼弁財天」と呼ばれる。

神仏の分身・分霊を祀ることを勧請《かんじょう》という。最初に見沼弁財天を勧請したのは、見沼代用水を築いたことで有名な幕府の役人、勘定吟味役《かんじょうぎんみやく》の井澤弥惣兵衛《いざわやそべえ》為永《ためなが》（＝以下「為永」）である。

為永は、見沼を開発する際、水路の安全と豊作を祈願し、沿岸の要所に弁財天を勧請し、灯明料を寄進した。要所とは利根川からの取水口にある行田市の「元圦樋《もといりひ》守弁財天」と、さいたま市見沼区加田屋新田の「溜井《ためい》弁財天」である。要所に弁財天が祀られると、見沼代用水の支流や用水、田んぼなどあちこちに弁財天が祀られるようになった。

星川弁財天は、享保一六年（一七三一）ごろの創建。弁財天のおかげで、子どもたちが堰の近くで水遊びをしても水難事故はなく、また、日照りによる農作物の被害もないという。

為永は、なぜ弁財天を勧請したのか。為永は、見沼を開発する以前から、出身地紀州で築造した「亀池」を竣功《しゅんこう》した際など、水路の平安を願い弁財天を勧請していた。見沼代用水開削のときにも、同じように水路の平安を弁財天に託したと考えられる。

見沼代用水は、利根川から取水し、県東部の水田地帯や県南部の見沼田んぼなどの水田地帯を流れる日本三大農業用水の一つである。令和元年(二〇一九)九月に卓越した技術、歴史的、社会的価値が評価され「世界かんがい施設遺産」に登録された。

見沼大用水の要所としての元圦樋守弁財天（行田市下中条）

加田屋新田に祀られる溜井弁財天（さいたま市見沼区）

見沼代用水の安全と豊作を祈願する星川弁財天（久喜市菖蒲町上大崎）

8 水上安全を祈る水神祭

各地の特徴的な水神を紹介してきたが、ここでは水神社で行われる水神祭《すいじんさい》を見ていきたい。

紹介するのは、松伏町松伏の通称「民部河岸跡《みんぶかしあと》」に祀《まつ》られる水神社の行事である。民部河岸は、古利根川の越谷市境にある古利根堰（松伏堰）下流の寿橋付近にあった。民部とは松伏地域を開発した石川民部に由来する。この河岸は流域で収穫された米や桃、梅などが運搬され盛っていた。

この水神社は、寿橋水神社とも呼ばれ、河岸の安全と繁栄を願って建立されたものである。水神祠の銘文は「水神宮　宝暦十三歳十一月」、「松伏村関場講中　船組講中」とある。関場講中は河岸場近くの集落、船組講中は船を所有する船頭仲間のことである。当地が江戸時代から栄えていたことが偲《しの》ばれる。

水神社では、例年七月七日に宵宮《よいみや》、八日に水神祭が行われていた。近年は七月の第一土曜日に宵宮、翌日曜日に水神祭が行われる。なお、宵宮とは、祭の前夜に行われる前夜祭のことをいう。

水神祭は、かつては河岸問屋や船を所有する「船持《ふなもち》」、さらには船で働く「水主《かこ》」など、河岸関係者が水難に遭わないように水神に祈る「水上安全」の行事であった。

しかし、栄えていた水運も昭和初期ごろからは衰退の一途をたどった。祈願内容は、河岸関係者の水難守護から、地域の子どもたちの「水難除け」の祭りにその性格を変えていった。

水神社の祭りは、川岸地区と外河原地区が合同で「堰枠組」として行われている。それぞれの地区から当番を出し、祭りの間、参拝者などの世話に当たる。当番は土曜日の朝集合し、祠を開けて御神酒と榊を供え、詰め所を設営する。参拝者が来ると当番が御神酒やつまみを振る舞ってもてなし、子どもたちには用意したお菓子袋を渡す。今日では、地域で大切に守護されていた水神の祭りが行われるのは少なくなり、この祭礼は大変貴重なものである。

水神社の幟

水神社の水神碑

ちなみに「水神祭」といえば競艇ファンにとってはお馴染みの行事となっている。初勝利や節目の勝利を祝い、選手を水面に投げ込むのだが、これを「水神祭」と呼んでいる。古くから伝わる水神への信仰は意外なところで伝承されている。

民部河岸跡の水神祭（松伏町松伏）

9 水神は災害教訓遺産

平成二三年（二〇一一）の東日本大震災がきっかけとなり、災害対策基本法に「災害教訓の伝承」が明記されたことをご存知だろうか。これは各地域で過去数十年、数百年に一度起きた災害を、教訓として伝承することの大切さを説いたものだ。「公助」に加え、「自助」、「共助」の取り組みが必要とされ、その中で過去の災害にまつわる教訓を伝承し、防災、減災に役立てようというものである。

これまで県東部地域の水神を見てきたが、ここでは「災害教訓伝承」という側面から見ていきたい。

松伏町金杉の「砥《と》根《ね》河《がわ》重《じゅう》疏《そ》碑《ひ》」や吉川市加藤の「大威徳明王塔《だいいとくみょうおうとう》」は、河川改修の記録や堤防の守護を願う思いを知る災害教訓遺産である。

県東部地域では、水神や弁財天が多く祀《まつ》られているが、河川の決壊地点付近には、水神のほかに八大《はちだい》龍王《りゅうおう》や九頭龍大権現《くずりゅうだいごんげん》が祀られている。

八大龍王は三郷市、吉川市、松伏町などに、また九頭龍大権現は加須市域で祀られている。一例をあげると吉川市皿沼の稲荷神社には、天明三年（一七八三）三月六日銘の「水難除　水神宮・八大龍王」の石祠がある。八大龍王や九頭龍大権現を破堤地点やその周辺に祀ることは、被害を受けた人や場所の供養だけでなく、水害時に守るべき地点を示した先人の知恵でもある。

石塔には「水難除守護《すいなんよけしゅご》」、「水難除」と記されるものもある一方、弁財天など神名と年代、造立者のみが記されているものも多い。しかし、これら一つ一つの水神には、洪水を鎮めたという巡礼《じゅんれい》や溺死者の霊を慰めるためといった、それぞれの地域や造立した人々の祈りや願いが込められている。

水神講中によって建立された「水神宮・八大龍王」（三郷市谷口）

稲荷神社の「水難除　水神宮・八大龍王」（吉川市皿沼）

旧古利根川堤防上の八大龍王（松伏町大川戸）

私たちがその歴史や伝承を記録にとどめ、後世に伝えていかなければ、単なる石塔に終わってしまうかもしれない。一見、堤防や路傍に忘れ去られたかのように建っている石塔。その石塔に込められた先人の思いを、洪水や治水の記憶として伝えていくことが、地域に残された水神を災害教訓遺産として活かすことにほかならない。

二基の九頭龍大権現（中央と右）、左は天満宮（加須市生出）

九頭龍大権現（加須市旗井）

九頭龍大権現（加須市馬内）

第二章
流れ着く神や仏たち
―漂着神信仰―

除堀の獅子舞―数百年前に近くの池から獅子頭が浮き上がり、これを拾い上げて始めたという獅子舞（久喜市除堀）

1 流れ着く神仏　漂着神

一月と一一月の二〇日に恵比寿講《えびすこう》が行われる。台所に祀《まつ》られている恵比寿・大黒様に商売繁盛や豊作を願う行事である。一月を「商人の恵比寿講」、一一月を「農家の恵比寿講」ともいう。

ある農家の恵比寿講に伺ったら、恵比寿・大黒様が数組も祀られていた。「洪水のときに屋敷地に流れ着いた恵比寿・大黒様なので祀るようになった」という。流れ着いた社殿や仏像の話を聞くことは多く、大水によって別の場所から流れ着いた神仏を「漂着《ひょうちゃく》神《しん》」という。

古くから漂着神の存在は地域で広く伝えられている。有名な台東区浅草寺の観音様にも次のような縁起が伝わる。「推古《すいこ》天皇三六年（六二八）三月一八日の早朝、檜前浜成《ひのくまのはまなり》・竹成《たけなり》の兄弟が江戸浦（隅田川）に漁撈《ぎょろう》（魚とり）中、はからずも一体の観音さまの御尊像を感得《かんとく》（おもいがけなく手に入れる）した。郷司《ごうし》（土地の役人）土師中知《はじのなかとも》はこれを拝し、聖観世音菩薩さまであることを知り深く帰依《きえ》（信仰を得る）し、その後出家、自宅を改めて寺となし、礼拝供養に生涯を捧げた」とある。

同じ漂着神でも、加須市道目の天神社に伝わる神像は水の中で見つかった。社伝によれば、「当村針ヶ谷新八なるもの平素漁を好み、古利根川満水のみぎり網するに、五、六寸（約一五～一八センチメートル）の木片かかり、何心なく波底を見るに天神の神像なり。因って元亀元年（一五七〇）八月二十五日概所に祭る」とある。このような出現方法を「水中出現」という。

もともと漂着神は海辺に流れ着く神仏を指す言葉で、対象は海辺のものが多かった。しかし海がない埼玉県、とりわけ利根川や中川などが流れる県東部地域は、たびたび洪水に見舞われ、漂着神の伝承は数が多い。

漂着神の対象は、神仏のほかにも社殿やお堂、神《み》輿《こし》、獅子頭《ししがしら》などさまざま。

ちなみに、漁師たちは漂流する水難者のことを「エビス」といい拾い上げると、「豊漁になる」、「福をもたらす」ものとして、縁起が良いとされた。

農家の恵比寿講、恵比寿・大黒様が祀られる（さいたま市岩槻区）

隅田川で引き上げられた観音像を祀る浅草浅草寺（台東区）

水の中で見つかったという神像を祀る天神社（加須市道目）

2 疫病を鎮めた第六天

新型コロナウイルスの感染予防のため外出自粛が求められている昨今。漂着神伝承を追うと、江戸時代、村にはやった流行病を救ったと伝わる神社がある。さいたま市岩槻区大戸の元荒川末田須賀堰近くの第六天神社《だいろくてんじんじゃ》だ。

元荒川の畔に位置するこの神社に、御神体が流れ着いたというものである。氏子の間では「ある時、村人が草刈りをしていると川上から光るものが流れてきたので、拾い上げてみると御神体であったため、その場所に祀《まつ》ったのが当社の始まり」という。

また、次のような話も伝わる。その昔、大戸村に堀切力弥という侠客《きょうかく》（おとこ気のある人）がおり、病人の面倒をよく見ていた。ある時、元荒川の河畔で雑草を刈っていたところ、鎌の先に当たるものがあったので、草をかき分けて掘り出してみたところ金色の御神体を納めた木の祠であった。

力弥はこれを自宅に持ち帰り、大切に祀っていたところ、夢枕《ゆめまくら》に第六天神を名乗る白髪の老翁が現れた。老翁は、秋になるとこの地に悪病が流行する、しかし自分を参拝すれば必ず免れる、と告げた。力弥はこの言葉を信じ信仰に精進した。するとお告げ通り疫病が大流行し命を落とすものも多かったが、力弥の一家は無事であった。

このことを知った近郷の人々も力弥の第六天神を厚く信仰するようになった。やがて祠が出土した元荒川の地に小さな祠を建立し、御神体を祀ったのが第六天神社の始まりであるという。

この話が広まり、以後、第六天神社には県内はもとより、都内、隣県からも「第六天講」を組織して参拝に訪れている。第六天神社の絵馬には、赤い大天狗《てんぐ》と青い烏《からす》天狗が向かい合って描かれ、玄関に飾れば外からの邪鬼・疫病を防ぎ、盗難・火難を除けるとされる。（『岩槻市史　民俗資料編』）

　こうした御神体の漂着伝承は、県東部地域で多く聞かれ、これまでに確認できたものが三五例ある。単に御神体というものが一四例、神名を伝えるものが二一例ある。神名は天神が五例、弁財天が四例、愛宕が三例、恵比寿・大黒が二例、稲荷が一例、牛《ご》頭《ず》天王《てんのう》が一例などである。

大天狗と烏天狗が飾られた奉納額

大天狗と烏天狗の大絵馬

第六天神社―社殿左手に大天狗と烏天狗の大絵馬が奉納されている（さいたま市岩槻区大戸）

3 虚空蔵菩薩とうなぎ

東部地域には、洪水で流れ着いた神像や仏像の伝承が広く流布している。御神体の漂着伝承については紹介したが、ここでは仏像にまつわるものを見てみよう。

東部地域で確認した仏像の漂着伝承は三四例で、御神体とほぼ同数だ。具体的には、地蔵菩薩《じぞうぼさつ》が七例、観世音菩薩が六例、不動明王が四例、閻魔大王《えんまだいおう》が三例、薬師如来《やくしにょらい》が二例、聖徳太子が二例など複数の地点で伝承されている。このほかにも、虚空蔵菩薩《こくうぞうぼさつ》、阿弥陀三尊、親鸞聖人などがある。身近な仏像である地蔵尊や観音様にまつわる伝承が多い。次に代表的な仏像を紹介しよう。

最初は、三郷市彦倉の延命院に祀《まつ》られる三郷市指定有形民俗文化財の虚空蔵菩薩。寺の縁起によると、この虚空蔵菩薩は、文明一八年（一四八六）、古利根川（現中川）の洪水の折、奥利根の上流から漂着して当地に来臨せられ滞留された。これを住人が拾い上げて祀ったのが始まり。弘法大師の御作とも言われている。

また、次のような話も伝わる。この虚空蔵様は、文明一八年九月一二日夜、村の漁夫が古利根川で漁をしていたところ、網の中から出現したという。これは第二章―1で紹介した浅草寺の観音様と同じ水中出現だ。この虚空蔵菩薩は、秘仏で丑年に御開帳される。今回はコロナウイルスの感染予防のため、寅年の令和四年（二〇二二）四月に行われた。

なお、彦倉には虚空蔵様の使いであるうなぎにまつわる言い伝えがある。

秋に大雨が続き古利根川が増水し堤防が決壊した。このとき多くの人たちが丸太のような物に乗ったり、つかまったりして濁流の中を流されずに済んだ。よく見ると、それは丸太ではなく、うなぎの大群。縄のように寄り集まり、流されないように一本になり多くの人々の命を救ったという。

彦倉の人々はこの恩返しから、うなぎを大切にし、一切口にしないという。また、延命院ではうなぎ供養塔を建立し、一〇月第四日曜日と月曜日に「うなぎ供養会」を行っている。

うなぎには洪水の際に出現し、人々を助けるという水神的性格がある。虚空蔵菩薩はうなぎとともに水難から地域の人々を守る「災害消除」の信仰と深く結び付いている。

延命院の虚空蔵菩薩（三郷市）三郷市教育委員会提供

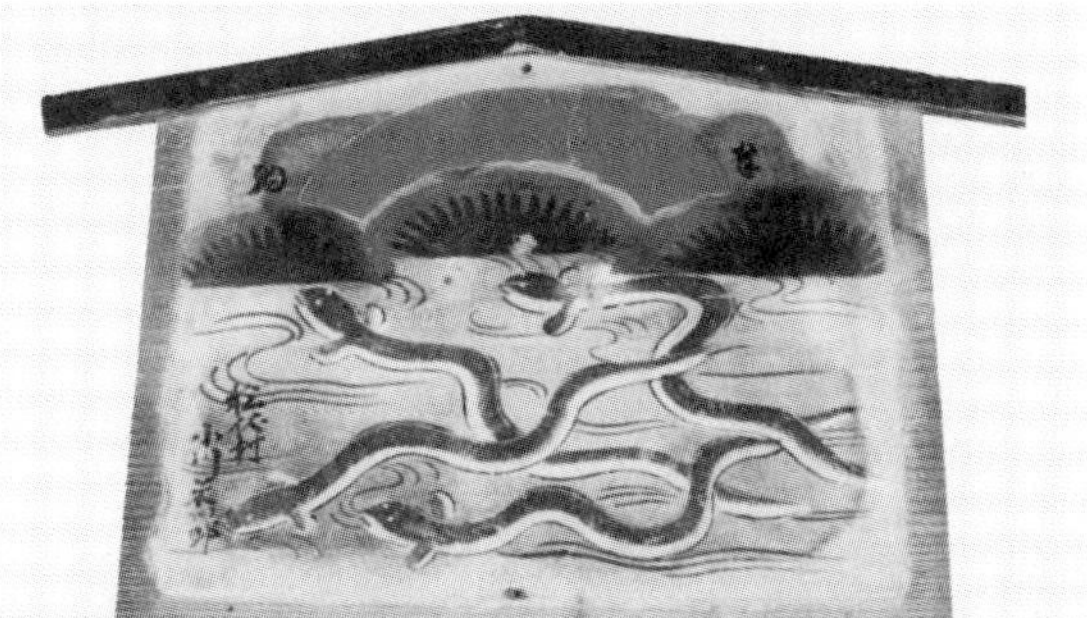
親子うなぎを描いた小絵馬

虚空蔵堂（三郷市彦倉）

4 復興をもたらす漂着神

次に聖徳太子像と不動明王像《ふどうみょうおうぞう》、地蔵菩薩像《じぞうぼさつぞう》にまつわる伝承を見てみたい。

聖徳太子像の漂着は、大凧あげ祭りで有名な春日部市西宝珠花にある小流寺《しょうりゅうじ》である。近くの江戸川は江戸時代、人工的に開削された。通水後まもなく川の水が増水し大水になった。

『庄和町史』などによると、聖徳太子の木像は、このとき小流寺に流れ着いたとされる。その太子像を拾い上げ、お堂を造り太子堂と名付け祀《まつ》った。お顔などには傷が残るが、元々はかなり古い木像と考えられる。この小流寺は江戸時代初期に庄内領《しょうないりょう》（現在の春日部市周辺）の開発を行った小島庄右衛《しょううえ》門《もん》が開基《かいき》した寺である。

小流寺の聖徳太子像（春日部市西宝珠花）

不動明王像の漂着は、白岡市野牛《やぎゅう》の観福寺《かんぷくじ》である。明治四三年（一九一〇）の大水のときに漂着したという。胎内から見つかった書付には「上中森」の地名が記され、現在の群馬県千代田町と考えられる。はるばる群馬県から流れ着いたものか。

この観福寺のある野牛は江戸時代、「正徳の治」で有名な新井白石の領地だった。当寺には白岡市指定有形文化財「紙本着色新井白石画像」が伝わる。

また、関東三大不動として名高い加須市不動岡の総願寺《そうがんじ》の不動明王像は、長暦三年（一〇三九）の大洪水で吉見領（現吉見町）から漂着。村人達は不動明王像をお祀りして「岡村」の地名を「不動ケ岡」に変えたという。

最後に地蔵菩薩像を見てみよう。吉川市吉川の延命寺の地蔵菩薩像は、古利根川の淵底に光明を発するものがあったので、網を引いたところ現れたという。このように出現時に光を発する地蔵菩薩には、杉戸町倉松の延命院の地蔵菩薩、さいたま市岩槻区鹿室の宝国寺の延命地蔵などがある。

見てきたように仏像が出現する機会は、洪水・大水という非日常の異常事態のときが多い。洪水では全てのものが濁流に押し流され、壊滅的な被害を受ける。このときに漂着神が現れ、復興をもたらす奇瑞《きずい》のストーリーが生み出される。また、延命寺の地蔵菩薩のように光を放つことも非日常の出来事として語られている。

観福寺の不動明王像（白岡市野牛）

5 霊験あらたかな獅子

ここでは獅子頭《ししがしら》にまつわる漂着伝承を紹介したい。獅子頭で思い浮かぶのは正月に門付《かどつ》けをする獅子が多いであろう。一方、漂着する獅子頭は、頭に被って三頭が一組で舞ういわゆる「一人立ちの獅子舞」に用いられるものである。

獅子舞は埼玉県を代表する民俗芸能で県内各地に伝承され、東部地域においても広く分布している。特徴的なものとして、春から夏にかけて悪病除け、悪魔祓いの願いを込めて地区内を巡る「村回りの獅子舞」がある。

これらの獅子舞に用いる「獅子頭」は、流れ着いたり、池の中から浮き上がった獅子頭を用いて獅子舞が始まったという伝承がある。獅子頭の漂着伝承は東部地域に顕著にみられ、他地域ではほとんどみられない。

獅子頭の漂着伝承は二一例。多くは漂着した獅子頭を用いて獅子舞を奉納することにより、雨乞いや疫病除けに威力を発揮する。代表的な獅子頭や獅子舞を二回にわたって紹介しよう。

最初は、松伏町松伏の「ささら獅子舞」(松伏町指定無形民俗文化財)に用いられる獅子頭。この獅子舞は、昔、洪水のときに、古利根川の上流から御幣と獅子頭の箱が流れ着き、拾い上げて祀《まつ》ったと言い伝えられている。このささら獅子舞の風に当たると病気にかからないという。

次は、八潮市二丁目の「二丁目の獅子舞」(八潮市指定民俗文化財)に用いられる獅子頭。この獅子舞は江戸時代に始まったとされ、報告書によると次のような話が伝わる。

当地方が大出水したおり、大獅子《おおじし》の頭《かしら》が鶴塚《つるつか》に流れ着いた。その後、村に病がはやったため、獅子頭の祟《たた》りではないかということになり、村を病から断ち切るため二丁目との境の貉圦《むじない》りに埋めてしまった。ところが二丁目の人たちが掘り出し、中獅子《なかじし》と雌獅子《めじし》の頭を作り、祭りを始めたという。この獅子舞は、七月一五日に氷川神社の「天王様」に奉納されていたが、現在は七月の第三日曜日に行われる。

この獅子舞は無病息災と五穀豊穣を願って奉納される。かがむ所作《しょさ》が多く、農作業の草取りに似ているため「田の草取り獅子」とも呼ばれている。このような動作にも五穀豊穣の願いが込められているのであろうか。

洪水のときに古利根川に獅子頭が漂着したというささら獅子舞（松伏町松伏）

無病息災と五穀豊穣を願って奉納される二丁目の獅子舞（八潮市二丁目）

6 雨をもたらす獅子頭

ここでは春日部市西金野井、久喜市除堀《よけぼり》の獅子頭や獅子舞を紹介したい。

最初は、春日部市西金野井の香取神社の獅子舞（県指定無形民俗文化財）に用いる獅子頭。この獅子頭は、「竜神の面」とも呼ばれ、報告書によると次のような話が伝わる。

香取神社の竜神の面は、昔、洪水の際、江戸川に漂着したものという。この面は、もともと茨城県のある村で使用されていたが、獅子舞をすると必ず水害になるので、江戸川に流してしまったと言われている。この面は、西金野井に漂着したがどうしても、それ以上流れていかないので、村人がこれを拾い上げ、旱魃《かんばつ》のときに使用したら、たちどころに雨を得た。それで竜神の面を毎年被り、舞うようにしたと伝えられている。

獅子頭が、流しても離れていかないのは、この場所に自ら来たという強いメッセージである。西金野井は、選ばれた土地なのだ。

次は、久喜市除堀の久伊豆神社の獅子舞（久喜市指定無形民俗文化財）に用いる獅子頭。「由来記」によると、雌獅子《めじし》の獅子頭は数百年前に江川浮会池から浮き上がったものを村人が拾い上げ、医王院に奉安したものという。その頃、ひどい旱魃に見舞われ、村人たちは医王院に奉安した雌獅子の怒りによるものと考え、雨乞供養の祈願をした。すると、にわかに雨が降り出し、村人は喜び、以来二頭の獅子頭を加えて獅子舞を始めたという。

この獅子舞も西金野井と同じように旱魃を救う雨乞の御利益《ごりやく》がある。この獅子頭は、浅草寺の観音様と同じように「水中出現」である。

西金野井と除堀の獅子頭を比べると、地域性がみられて面白い。西金野井の獅子頭は、前述の八潮市二丁目と同じように長いひげに長い角。一方、除堀の獅子頭には、長いひげはなく、角も短い。また、いずれの雌獅子も小ぶりで角がないなど似ている。

このように、同じように見える獅子頭も比べて見ると違いがあり、個性的である。

昨今、コロナ禍で獅子舞の奉納の多くが中止や延期になっている。雨乞や疫病退散に御利益ある勇壮な獅子舞が見られる日が一日も早く来ることを願う。

獅子頭が江戸川に流れ着いたという西金野井の獅子舞（春日部市西金野井）

獅子頭が池から浮き上がったという除堀の獅子舞（久喜市除堀）

7 江戸湾に御神面出現

舞台は、かつての江戸湾品川沖の海。埼玉県東部と品川沖を結ぶものは、一面の御神面である。この御神面は、夏に疫病退散を願って行われる天王祭に用いられる「牛頭天王面《ごずてんのうめん》」である。

この御神面の伝承は諸説あるが、代表的なものを紹介する。県東部と品川沖の結び付きはこうだ。昔、番匠免村《ばんしょうめん》（現三郷市）の鎮守に地元の名工が作った立派な面が奉納されていたが、洪水で流出してしまった。村人たちは大切な面がなくなってしまったので探しまわった。ついに、品川沖で拾われ、寄木神社（品川区東品川）に祀《まつ》られていることを知った。この面は、寄木神社の氏子である漁師が海に流れ浮かんでいたものを拾い上げ、奉納したものであった。

番匠免村の人たちは、わけを話して地元に返してもらった。しかし、御神面を番匠免村に戻したら、村に流行病が広まった。村人たちは、寄木神社で神様として大切にされ、海に入れる祭りまでしている御神面を持ってきた祟りであると思った。そこで御神面を寄木神社に戻したら流行病はおさまった。

それからというもの、番匠免村では米を持参し、寄木神社では海苔などの海産物を贈るようになったという。その後、御神面は荏原神社に納められた。（寄木神社責任総代　夏目桂輔氏談）

今まで紹介してきた漂着神伝承は、文字どおり漂着したものであったが、これは初めて流れ出た土地にまつわる話である。

この伝承は現在でも生きている。荏原神社の天王祭で神輿《みこし》に御神面を飾り付け、御神面が出現したという六月六日に神輿を海の中に渡御させる「海中渡御」が行われる。この神輿の鳳凰《ほうおう》が咥《くわ》える稲穂は、御神面が流れ出たという番匠免の篠田家に、荏原神社から今でも毎年使者が訪れいただいている。なお、海中渡御は現在、六月上旬に行われる。

　余談であるが、御神面を最初に祀った寄木神社も漂着神を祀った神社であり、不思議な縁を感じる。また、浜松町から羽田空港に向かう東京モノレールの途中に天王洲アイルがある。この天王洲とは、もともと江戸湾にあった洲の所から牛頭天王面が出現したために命名されたものである。

神輿に掲げられた御神面（牛頭天王面）（品川区）

御神面の海中渡御の様子　篠田正昭氏提供

8 漂着する社も多く

神社社殿の漂着伝承について紹介してみたい。皆さんは平成二三年（二〇一一）の東日本大震災の際、青森県八戸市厳島神社の鳥居の一番上にある笠木《かさぎ》が津波で流されて、約二年後に七〇〇〇キロメートル離れたアメリカ西海岸オレゴン州に漂着したことを覚えているだろうか。この鳥居の笠木は現地の人に発見され、日本人にとって神聖なものが流されたことを知り、いろいろと手を尽くして元の神社を探し出し、戻してくれたものである。

津波のみならず、東部地域の歴史を遡ると、大洪水で社が流されてしまうこともあった。社殿や神楽《かぐら》殿《でん》の漂着伝承は一七例と意外に多い。代表的なものを紹介しよう。

最初は杉戸町才羽の八幡神社の社殿。私が漂着神に関心を持つようになったのは、当地の古老の話がきっかけだった。

ある農家で一年間の行事である年中行事の話を伺っていたとき、おもむろに田んぼの中に見える神社を指さし、「あの神社は寛永五年（一六二八）に洪水で、幸手市木立からこの地に流れ着いたものだよ」と教えてくれた。

社が流れてくることは、それまで聞いたことがなく大きな衝撃を受けた。その後、第二章―1で紹介したように、洪水で恵比寿・大黒様が流れ着いた話を聞き、ますます漂着神に関心を持つようになった。

次に幸手市に目を向けよう。幸手市南の上高野神社は江戸時代には、牛頭天王社《ごずてんのうしゃ》と呼ばれていた。前述の御神面と同じ牛頭天王である。

「神社明細帳」によると、幸手宿波寄《なみよせ》に鎮座していた牛頭天王社が洪水により当地に流れ着いたため、慶長五年（一六〇〇）に村の鎮守として祀《まつ》ったとある。

また、幸手市下川崎の香取神社境内社の稲荷神社は、天明六年（一七八六）の大水の折に当村の邸宅内に社が流れ着いたことから、氏神として祀ったのが始まりであるという。さらに、同市西関宿の浅間神社も「昔、大水の出たとき、上流の上宇和田の浅間神社が流れてきたので、これを祀った」という。

このように鎮守の社ということもあり、多くが漂着した年代やどこから流れ出したかを伝えるものが多い。ちなみに幸手市下川崎の稲荷神社が漂着したという天明六年は、「武江年表」によると大水が発生している。

寛永５年の洪水で流れ着いたという八幡神社（杉戸町才羽）

牛頭天王社が流れ着いたという上高野神社（幸手市南）

9 神を乗せ漂着する神輿

神輿《みこし》にまつわる伝承を紹介したい。神輿は御神体が乗るとされる乗り物で、各地の祭礼行事では御神体の渡御《とぎょ》に用いられる。神輿漂着の伝承は八例と意外に多い。

代表的な伝承を見てみたい。最初は、久喜市栗橋北の八坂神社の神輿。記録によると「慶長年間（一五九六～一六一五）利根川の大洪水の折、当地の村人が総出で堤防の補強工事を行っていたところ、川の波間に鯉と泥亀《どろがめ》に囲まれた神輿が流れて来たので、これを引き上げると、元栗橋の八坂神社の神輿であった。村人はこの激しい流れに神輿が転覆することなく当地まで来たのは神慮《しんりょ》によるものと感じ、元栗橋から八坂神社を勧請《かんじょう》し、六月に祭りを行うようになった」とある。なお、現在の神輿は文久三年（一八六三）に新調されたもので、久喜市指定文化財である。

次は、加須市弥兵衛の鷲神社の神輿。社記によると、「天王様の御神体とともにある年の利根川大洪水の折、この地に流れ着いたのを当地の谷口家と岡田家の先祖が拾い上げ現在の処に祀《まつ》った」という。洪水時にはこのようなことがみられたものであろう。

弥兵衛の神輿は天王様の悪病除けに登場する。かつては、六月下旬に藁で大蛇を作り、七月七日に大蛇を鳥居に飾り付け、神輿の御霊入れ、一五日に鷲神社境内で神輿を担ぎ威勢よく揉み、地区内を悪病から守る。令和三年（二〇二一）はコロナウイルス感染拡大の影響で祭礼が中止になったところが多かったが、弥兵衛地区では大切な伝統を後世に伝えようと大蛇の飾り付けと獅子二頭と宝剣を用いて地区内に疫病が入らないように祈願した。

神輿漂着の伝承は、ほかにも吉川市平沼の芳川神社、春日部市榎の香取神社、行田市斎条の剣神社などにも伝わっている。

利根川の大洪水のとき、この地に流れ着いたという神輿（加須市弥兵衛）田上良平氏提供

濁流の中を鯉と泥亀に囲まれ流れ着いたという神輿（久喜市栗橋）久喜市教育委員会提供

コラム

御朱印に「開運招福」の「うなぎ上り」

昨今、各地の社寺を訪れる人々の間で御朱印が静かなブームになっている。

第二章―3の漂着神信仰で紹介した三郷市彦倉延命院の虚空蔵菩薩は「うなぎ」との結び付きが強い。洪水で利根川が決壊したときにうなぎの大群が多くの人々を救ってくれたという話も伝わる。

そんなうなぎとの関わりの深い延命院では、令和五年（二〇二三）正月から、従来の御朱印に加え、三種類のカラーのうなぎをあしらった御朱印（写真）の授与を始めた。一つは梵字と虚空蔵菩薩を祀《まつ》る虚空蔵堂と蓮池、一つはたくさんの花の中をうなぎが天に昇る「うなぎ上り」と「開運招福」の文字が書かれているもの。一つは、二枚の図柄が一つになったもの。

この御朱印の問い合せ先は左記の延命院まで。

住所　三郷市彦倉一―八三一―一

電話　〇四八―九五二―七三八一

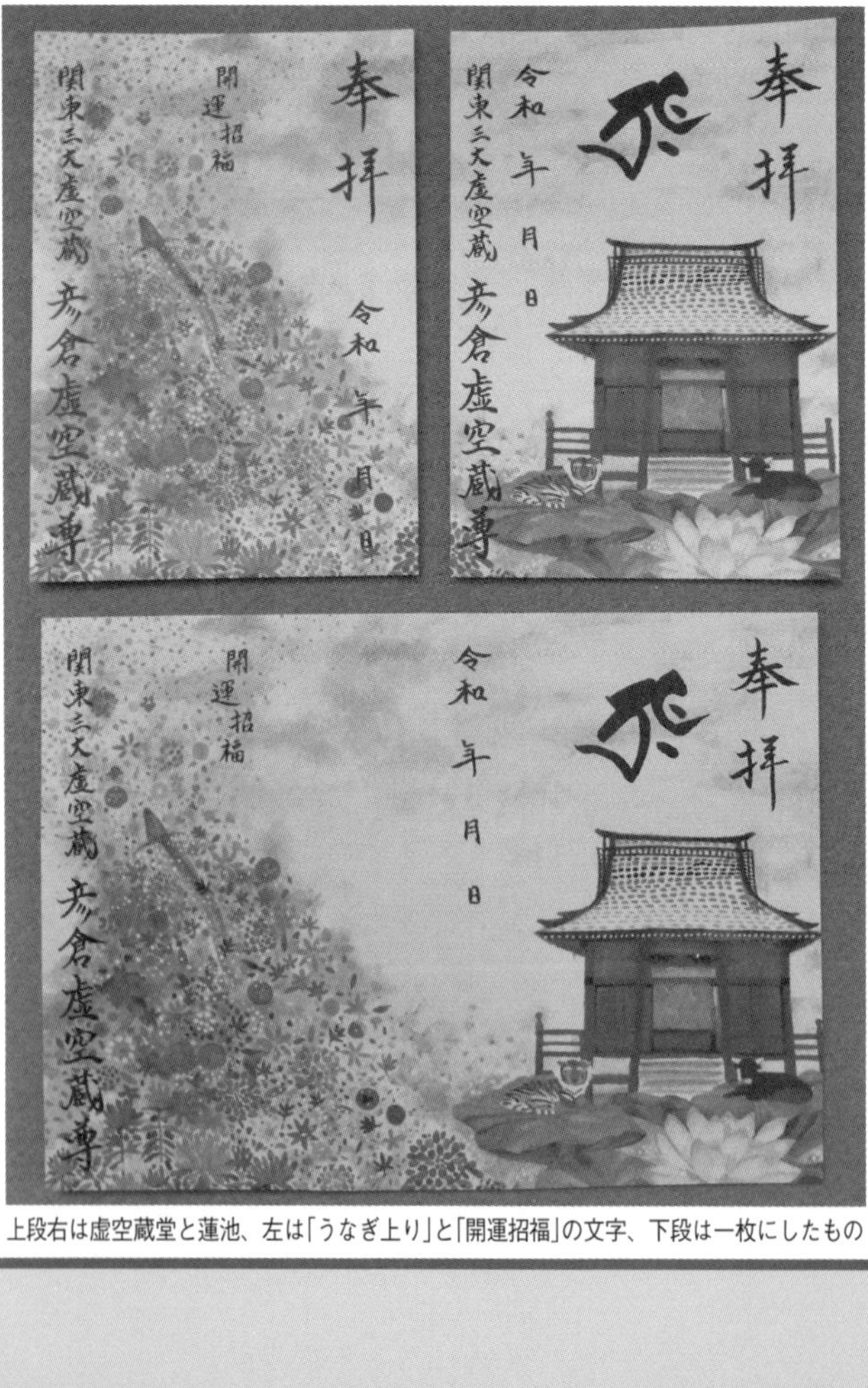

上段右は虚空蔵堂と蓮池、左は「うなぎ上り」と「開運招福」の文字、下段は一枚にしたもの

コラム　狛鯉を祀る八坂神社

各地の神社や寺院に行くと、入り口の両側や本殿・本堂の正面の左右に一対の狛犬を見かける。狛犬は空想上の動物で、一対は阿吽《あうん》を表している。狛犬は獅子の像だけではなく、神使といわれる神社の使者や眷属《けんぞく》の動物などを像として奉納することもある。例えば、稲荷神社ではキツネ、秩父地方に多いお犬様信仰ではオオカミ、山王信仰ではサル、八幡神社ではハトなどがある。

第二章—9で紹介した久喜市栗橋北の八坂神社では一対の鯉である。神社の案内板には「神社の神様は慶長年間に利根川の洪水のとき渺々《びょうびょう》たる水波の中を鯉と亀が運んできたと伝えられています」とある。拝殿前の鯉の像は、うねる川面から勢いよく跳びはねる姿で、波間には亀も彫られている。鯉は、口を大きく開けた「招福《しょうふく》乃《の》鯉《こい》」と口を閉じた「除災《じょさい》乃《の》鯉《こい》」で一対になっている。

口を閉じた「除災乃鯉」

狛鯉の前方には獅子の狛犬も鎮座

県東部地域で、神使の像を狛犬とする例としては次の動物が祀られている。行田市小針の日枝神社のサル、行田市桜町の久伊豆神社、同佐間の天神社のキツネ、春日部市粕壁の八幡神社のトラ、三郷市早稲田の光福院のヘビなどがある。珍しいものでは、羽生市二丁目の大天白神社には、キツネの狛犬とともに石造の鏡餅が奉納されている。（『埼玉の狛犬』）

10　天空から飛来の歳神様

洪水などで流れ着くのではなく、天空から舞い降りてくる神の伝承を紹介したい。天空からの現れ方を「天空飛来型《てんくうひらいがた》」という。日本神話では瓊瓊杵尊《ににぎのみこと》が芦原《あしはら》の中津国《なかつくに》を治めるため、高天原《たかまがはら》から高千穂峰へ天下った天孫降臨《てんそんこうりん》が有名である。

　さまざまな天空飛来伝承があるが、ここで紹介するのは一本の掛軸にまつわる伝承である。この掛軸とは、白岡市野牛《やぎゅう》のH家で正月に飾られる歳神様。

　歳神様は正月にお迎えし、その家に一年間の幸をもたらすという大切な神で歳徳神《としとくじん》ともいう。門松も歳神様がその家に来るときの目印であり、お供えも歳神様に供えるものである。その大切な歳神様が舞い降りることは瑞祥この上ない。

　今から四〇年ほど前に年中行事の調査で伺ったとき、当主から掛軸を見せていただき、次のような話を伺った。昔、久喜市菖蒲町の大火のときに、当家に舞い降りてきたもの。それ以来、正月には歳神様として大切にお祀《まつ》りしている。

　今回、改めて見せていただき掛軸の裏書を見ると次のようなことが記されていた。「歳徳神の掛軸は、明治五年（一八七二）一二月八日、大掃除のとき、いずこともなく飛来るもの也。その後、大正一三年（一九二四）修繕す」とある。かつては一二月八日を「すす払い」といい、正月を迎える準備として大掃除

歳神様の掛軸（白岡市野牛）

が行われた。
当主から伺った伝承と掛軸の裏書には、若干の相違がみられるが、天空からの飛来は間違いなさそうだ。このように天から舞い降りたお札として、江戸時代に爆発的に流行した伊勢参りのお陰参《かげまい》りがある。このときには、各地で伊勢神宮の神符（お札）の降下などの神異がみられたという。

ちなみに、野牛と久喜市菖蒲町の結び付きは深い。野牛地内には「石宮様」が祀られ、これは、昔、菖蒲城が落城し、落ち武者が逃げてきてここで討死し、それを祀ったものと伝わる。

掛軸の図柄を見ると、中央付近に特徴的な被り物をした歳神様とおぼしき姿、吉祥を表す、鶴、松、亀のような生き物、歳神様の後方には鹿も見える。

特徴的な被り物をした歳神様とおぼしき姿、吉祥を表す鶴、松、亀が描かれている

11 土中出現の「おむくさま」

土中から出現する仏像を紹介したい。土中出現とは、土の中に埋もれていた神仏が出現するというもので、県東部地域では一〇例が伝承されている。御神体、獅子頭、石などともに仏像が多い。行田市須賀の阿弥陀堂の阿弥陀三尊、杉戸町倉松の延命院の地蔵尊、八潮市松之木の勝運寺の観音像などである。

代表的な土中出現の仏像を紹介しよう。吉川市木《き》売《うり》の清浄寺《しょうじょうじ》の吉川市指定有形文化財の親鸞聖人坐像。縁起によると、寺は親鸞聖人の弟子の西念《さいねん》が建てたという。

寺には西念が親鸞聖人から賜ったという親鸞聖人木像が伝わっていた。西念は、親鸞の門弟で特に優れた「二十四輩」の一人で、親鸞聖人に従って東国に下向し、武蔵、常陸などでともに布教に努めた。

西念亡き後、世は乱れ戦火が相次いだ。住職の西順は、御木像が失われることを恐れ、門前に埋め隠した。やがて世の中は落ち着きを取り戻したが、御木像は人々の記憶から忘れ去られてしまった。

あるとき、御木像を埋めたところがむくむくと動き出したので、村人たちがそこを掘ったところ御木像が出現したという。御木像がむくむくと現れたので、いつの間にか「おむくさま」と呼ばれ親しまれている。また掘り出した跡には池を作り、「おむくの池」として、今も寺の門前に残されている。

なお、清浄寺の「西念法師塔」(県指定文化財・史跡)は鎌倉時代の石造物。六角形の塔身の上に六角形のかさを乗せた宝塔は県内唯一のものである。

さて、漂着をはじめさまざまな出現方法を見てきたが、最後に「火中出現」を紹介しよう。その名のとおり、燃え盛る炎の中から出現する神仏のことである。これは県東部地域では確認できていないが、各地で散見される事例である。火事が起きた家で、炎の中から庚申講《こうしんこう》の掛軸が現れ闇夜に舞い上がり消え、後になって見つかり大切に祀《まつ》られるようになったという伝承がある。ちなみに前述した天空から飛来する歳神様の掛軸も、火災のときに飛来したという話であった。

「おむくさま」と呼ばれ親しまれている清浄寺の親鸞聖人坐像（吉川市木売）
吉川市教育委員会提供

親鸞聖人坐像が出現したという「おむくの池」（吉川市木売）

12 漂着神信仰を読み解く

神像・仏像や獅子頭、神輿などさまざまな漂着神伝承を見てきた。県東部地域に暮らす人々にとって漂着神伝承を育んできた背景は何であろうか。一つは、繰り返される水害の歴史が大きく影響していると思われる。

寺院の縁起で、ご本尊が弘法大師や聖徳太子などの高僧の手によるもので尊いものであるとの記述を目にする。漂着神伝承もご本尊の神秘性や優位性を高める働きがあり、ご本尊がどれだけ尊いものかを教示するものと考えられる。

また、漂着神の出現は神仏の自らの意志によるものと信じられていた。一例を示すと、久喜市外野の香取神社の御神体は川下から川上に向かって流れ着いたという。春日部市小渕の正観音像や加須市飯積の姥神などは、流れ着いたものを何度岸から離して

御神体が川下から川上に向かって流れ着いたという香取神社（久喜市外野）

も戻ってくる。流しても戻る、あるいは再度流れ着くということは、その土地が神仏に選ばれた素晴らしい場所である神秘性を示す側面も伺える。

さらに、希望の象徴としての漂着神が考えられる。

姥神が流れ着いたという利根川堤防近くにたたずむ姥神堂　(加須市飯積)

洪水によって村の全てが流され、壊滅的な被害の後、地域復興の希望や勇気をもたらすものとして現れる。

最後に先人の川に対する思いを見てみよう。昔話では桃太郎のように、上流から霊力を持った子ども

社が流れ着いたという八幡神社(加須市小野袋)

東部地域を流れる大落古利根川（春日部市）

が漂着して、人々に幸福をもたらすという話がある。これは、有益なものが流れてくる川上に対する「水源信仰」でもある。

実社会においても、食糧や燃料が上流から流れ着き、周辺の人々に富をもたらす。流れ着いた稲などをかき集め、水害大尽などと呼ばれ、良い暮らしをした人もいた。江戸川に流木がたくさん流れてきて、一年間のタキギは拾うことができたなどの話も聞く。川から拾った流仏や流神は、拾い主に招福をもって応えるという神仏報恩譚から祭祀されることも多かった。神仏報恩譚とは、人から恵みや恩を受けた神仏が恩返しとしてその人に幸福や名声を報いるという昔話である。

河川の周辺に住む人々にとって、川は洪水など災いをもたらすだけでなく、財や富を運ぶありがたい存在でもあった。私たちは河川という自然環境の中でさまざまな恩恵を受け、感謝する心を長い間に育んできた。

現在の元荒川の観音圦付近の様子（越谷市大成）

第三章 大水から村を救った巡礼
―人柱伝承・土手切り伝承―

砂原弁財天と絵馬―入水した巡礼娘の魂を慰めるため、弁財天としてお祀りし供養をした砂原弁財天。安産や下の病に効き目があるといわれ多くの絵馬が奉納されている（加須市砂原）

1　権現堂堤に伝わる秘話

コロナ禍、令和三年（二〇二一）の桜の花見は、にぎわいなく終わった。県東部の桜の名所として幸手市の権現堂堤の桜と堤下のアブラナが人気である。この権現堂堤には幸手市指定文化財「順礼の碑」が建立され、巡礼の母娘にまつわる悲話が伝わっている。

伝承によると、享和二年（一八〇二）六月某日、長雨や大風雨が幾日も続き権現堂堤が二〇〇余間（約三六三メートル）崩れてしまった。大勢の人たちが必死になって水防工事に当たっていたが困難を極めた。そこを通りかかった巡礼の母娘が、その様子を見て合掌祈祷し、傍らに居合わせた水防夫に向かって「人一人生贄《いけにえ》にならねば、しょせんこの水は止りますまい」と言い、立ち去った。

殺気だっていた水防の男たちはこの言葉を聞いて、母娘の巡礼を追い掛け、娘の襟首をつかんだ。母親が狂気のごとく追い返して来たものの、濁流が渦巻くのみ。狂気した母親も、いとしい娘の後を追い水底に落ちてしまった。

巡礼の予言が的中したものか、しばらくして、水勢は衰え水防工事はようやく成功したという。悲惨な物語である。

この話は幾つかのストーリーで伝承され、母親が自ら入水し娘が後を追うものや、巡礼ではなく六部《ろくぶ》と言われる諸国を巡る僧が犠牲になるものもある。いずれにしても、人を犠牲にして水中に沈め、難工事を遂行するという「人柱伝承」である。

人柱を『広辞苑』では次のように説明している。「架橋・築堤・築城などの難工事の時、神の心を和らげ完成を期するための犠牲《いけにえ》として、人を水底・土中に生き埋めにすること。また、その人」

東部地域で民俗の聞き取りを行っていると、「順礼の碑」のような伝承を耳にすることがある。一例をあげると利根川流域では、羽生市上新郷の「〆切《しめきり》神社」や加須市外野の「川圦《かわいり》神社」、久喜市伊坂の「一言《ひとこと》の宮」があげられる。いずれの神社も犠牲になった恩人を祭神として祀《まつ》っている。

人柱伝承は、東部地域の利根川や元荒川、権現堂川などの河川流域に伝わっている。この後も、多様な人柱伝承を紹介しながら、その特徴や背景を見ていきたい。

権現堂順礼碑（部分）

巡礼の母娘にまつわる悲話を伝える権現堂順礼碑（幸手市権現堂）

順礼碑の近くにある順礼樋管（幸手市権現堂）

2 砂原弁財天と巡礼の娘

舞台は加須市砂原に祀《まつ》られる砂原弁財天。弁財天は水神として各地に祀られているが、この弁財天は洪水から砂原を救ってくれた巡礼の娘の霊を慰めるために祀られた社である。次のような話が伝わる。

延享二年（一七四五）の春も終わり、砂原の西側を流れていた利根川は、刻々と水かさを増し、堤防を越えるほどになってしまった。人々は顔色を失い、堤防が決壊しないように祈るばかりであった。しかし自然の猛威は人々の心を踏みにじり、水はついに堤防を決壊させ、人家や田畑を水底に沈めてしまった。

このとき巡礼の旅を終えて故郷に帰り着いた娘がいた。娘はこれは水神の怒りだとすぐに分かった。水神の怒りを鎮めるには他に方法はない。娘はアッという間に身を躍らせ、人々が騒ぎたてるころには、濁流にのまれ姿を消してしまっていた。

巡礼の娘の入水によって、水神の怒りも鎮まったのであろうか。やがて濁流も静まり、決壊口をふさぐことができた。人々は自ら濁流にのまれていった娘に、心から感謝した。決壊口を締め切ることができたのも、自分たちの生活が元に戻れるようになったのも、みんなこの娘のおかげであった。人々は娘の魂を慰めるために、弁財天としてお祀りし、懇《ねんご》ろにその供養をした。（『埼玉県伝説集成　中巻　歴史編』）

この弁天様が砂原弁財天で、安産や下の病に効き目があると言われ、白蛇の絵馬や鶏卵が供えられている。

この弁財天社では、毎月二一日を縁日として地域の人たちが集まってオトキ（御斎）と称し、供養を

多くの絵馬が奉納されている砂原弁財天（加須市砂原）

行っている。参拝者には、御神酒が振舞われ、団子を護符《ごふ》として分けている。団子は家に持ち帰り、砂糖醤油で「いびり団子」にして家族で頂く。砂原の人たちは、二七〇年以上前の伝説を今でも大切にして、オトキが行われていることは尊い。

この伝承の特徴は、前述の幸手の権現堂堤が母娘の巡礼であるのに対し、一人の巡礼の娘であること。また、自らが入水していること。さらに、共通点として巡礼という宗教者、女性であることがあげられる。

（＊新型コロナウイルス感染予防のため、オトキは休止されていたが令和四年六月から再開された）

オトキでお参りに訪れる人

オトキでろうそくが灯された祭壇

3 巡礼母娘の霊をなぐさめる川圦神社

川圦《かわいり》神社には、旧大越村（現加須市）を水害から救ったという巡礼の母娘が祀《まつ》られ、次のような話が伝わる。

ある年毎日うちつづく雨に、村人たちは天を仰いで嘆息しながら晴れる日を待ち望んでいた。しかし昨夜来の雨は特に激しく、利根川の水は刻一刻とその水かさを増すばかり。洪水は遂に堤を超えて、村に向かって怒涛のように流れこんで来た。村の危急はもう眼前に迫って来たのである。

その頃、大越村に奥州に向かう母娘の巡礼が利根川の減水を待って泊まっていた。ある日のこと、二人は心配のあまり雨中を堤に出かけた。ところが彼女たちのみたものは、減水どころか水と人との凄惨な決闘の姿であった。

彼女は慄然としてそこに立ちすくんでしまったがやがて、狂ったかのように「竜神のたたりだ。生娘を供養するよりほかに仕方がない」と叫んだ。

村人はこの言を聞いて額をあつめて協議を重ねた。しかしいざ「誰の娘を出すか」ということになるとその結論はいつも出なかった。このような中にも水かさは刻一刻と増し、もはや少しの猶予もゆるされない状態となって来た。殺気だった村人の中からうめくように「あの巡礼の娘を立てるんだ」という声があがった。すると、殺気だった村人たちは一様に「そうだ、そうだ」と同調、はては「救いの神だ」といって、うむをいわせず娘を激流中に投げ込んでしまった。いとしいわが子のこの姿をみた刹那、母巡礼もその後を追って水底の人となった。

このことがあってから、さしも降り続いていた大雨もやみ、満水の利根川の水も減り始め、難航の補修工事もみごと出来上がったのである。こうして村に平和が訪れたが、数年たつとこの村に異変がおこり、疫病が流行したり、豊作とみられた稲作が急に枯れたりした。そこで人びとは何かのたたりであろうと、おそれおののいた。

そのようなある日、旅僧が村を訪れて、「これは数年前人柱にたった母娘巡礼の魂が安住の地をもとめて宙にさまよっているからだ。社を建てて霊をなぐさめるがよい」というのであった。そこで村人は神社を建立して、母娘の巡礼の霊をなぐさめた。これが川圦神社である。(『埼玉県伝説集成　中巻　歴史編』)

この巡礼母娘の話で特徴的なことは、補修工事完成後に村に異変が起こること、そして旅の僧にいわれ、親子巡礼の霊をなぐさめるため川圦神社を建立したことである。

川圦神社(加須市外野)

4 一言の宮と観音寺圦、二つの伝説

利根川と元荒川にまつわる人柱伝承を見てみたい。
一言《ひとこと》の宮は栗橋駅に近い「静御前の墓」のそばにある。『新編武蔵風土記稿』に「一言明神社。同持（経蔵院）祭神詳ならず」とあるのがこの宮である。

昔はこのあたりは利根川の堤になっていた。ある年のこと、洪水でこの堤が破れ、水がどう手だてしても中々とまらない。そこでこの上は、人柱でも立てずばなるまいと困っているところへ、この付近では見かけたことのない一人の女がこどもを背負って通りかかった。

興奮した村人の中から「その女を人柱にしてしまえ」という声があがると、期せずして皆んなも「そうだ、それがよい、それがよい」といって、女が「一言いいのこすことがある」といったのも聞かず、うむをいわせず逆巻く水流に投げこんでしまった。

こうして堤はできあがったが、しかし考えてみると女があわれであり、また、たたりもあってはならないとして、これをねんごろにまつることとした。

これが「一言の宮」であるといわれている。（『埼玉県伝説集成　中巻　歴史編』）

この話の犠牲者は、巡礼などの宗教者ではなく、子どもを背負った見かけない女である。同じように子どもを背負った女の話が羽生市稲子に伝わる。見かけない女とは、他所の者を示している。

越谷市の観音寺圦についての伝説もある。

観音寺裏の堤防は、川が決壊する場所、いわゆる切処として、往時から幾度となく元荒川の氾濫にともなって、大洪水をひきおこしている。

口伝によれば、ある時の決壊は相当激しく、田畑はもちろん人家をも殆んど浸水し、幾日たっても減水をみせなかった。困惑した村人たちは、いろいろと防禦の手をつくしたが、それも空しく途方に暮れていたところ、親娘の巡礼が通りかかった。そこで

一言の宮（久喜市栗橋）

村人は早速この巡礼に、どうしたものかとたずねたところ、巡礼は「生娘を人柱にたてれば即座に減水するだろう」というのであった。

　人柱といっても誰を犠牲にするか、思案の結果、遂に巡礼の娘を有無を言わさず、切処に投じてしまった。すると、濁流は次第に減水しはじめ、数日にして田の面をみることができたという。（『埼玉県伝説集成　中巻　歴史編』）

　地元の伝承では、通りかかったのは二人の巡礼娘をつれた翁といわれ、巡礼娘を供養するために「水龍大権現」の石塔を建立したという。

巡礼の娘を祀る「水龍大権現」（越谷市大成町）加藤幸一氏提供

5 利根川の締切と人柱

ここでの人柱伝承の主役は、羽黒三山を信仰する山伏の羽黒行者《ぎょうじゃ》。舞台は羽生市上新郷、利根川の昭和橋近くに祀《まつ》られる「〆切神社《しめきり》」だ。

「〆切」とは、文禄三年（一五九四）に行われた「会の川」を締め切り、利根川本流を東流させるという大工事のことである。〆切神社に隣接して「川俣締切址」の碑が建立され、その歴史的工事を今に伝えている。

〆切神社には、次のような話が伝わる。利根川を締め切る工事がうまくいかず困っていたところ、一人の行者が通りかかった。行者は「今年は午年《うま》だ、午年の人が人柱にならないと〆切ることはできない」と言った。

これを聞いた工事の者たちは思案に暮れた。すると行者は、ものも言わずに裸になり数珠を片手に「アッ」という間に濁流に身を投じた。村人は水しぶきをあげ、音を立てて流れる濁流をいつまでも両手を合わせて見守った。行者の話のとおり、人柱の犠牲によって工事は完成した。

人々は感謝の気持ちを込め、自ら人柱となった行者の霊を〆切神社として祀った。この社殿は長い歳月と共に朽ちた。明治二年（一八六九）に「〆切神社」と刻んだ石碑を新たに建立した。

なお、この羽黒行者を「ひらき坊主」とする伝承もある。

今まで紹介した幸手市権現堂堤や加須市砂原弁財天の人柱伝承は巡礼の女性であった。東部地域の人柱伝承は一五か所あり、その内巡礼の母娘が五例。越谷市東方の観音寺圦では翁に連れられた巡礼の娘、加須市不動岡では、居合わせた瞽女《ごぜ》の娘。このように女性が多い。ここで紹介した羽黒行者は初めて男性である。男性が登場するのは、幸手市権現堂の順礼樋菅の諸国巡礼の六部、三郷市花和田の八大龍王など四例である。

犠牲者が巡礼や行者といった宗教者であることは全国的にみられ、人柱伝承を理解する要点である。

利根川の「〆切神社」と刻まれた碑（羽生市上新郷「道の駅はにゅう」）

各地に広がる人柱伝承が一致することは史実の投影とは考えにくい。誰かが人柱伝承を伝えていったものと考えられる。それは各地を巡って宗教活動を行った盲僧や巡礼・六部などが伝播した伝説であろうと考えられる。そして、人柱の犠牲者は村を救った恩人として祀られている。

香取神社の八大龍王・水神宮（右）、左は羽黒神社、中央は稲荷神社（三郷市花和田）

6 村を救う土手切り伝承

県東部地域は、利根川や江戸川、中川、元荒川など多くの河川と用排水が流れている。この地域に暮らす人々は、水利に恵まれ水の恩恵を受けるとともに、洪水など水との闘いの歴史を繰り返してきた。

洪水から自分の村を守る方法として、対岸の土手を切りに行くという伝承があり、これを「土手切り伝承」という。土手切りは、危険な行為でしばしば犠牲者を出している。この伝承は、三郷市、八潮市、吉川市、越谷市などに分布している。

ここでは、八潮市大曽根と足立区花又村（現足立区花畑）を流れる綾瀬川の土手切り伝承を紹介しよう。

まずは、花又村から大曽根村への土手切り。ある年、大曽根村で土手を築いたのを見た花又村の者は、村が水浸しになることを恐れて獅子頭を被って大曽根村の土手を切りに行った。

獅子を見て大曽根村の者たちは最初は恐れたが、勇気を出して獅子を捕まえてみると獅子頭を被った花又村の者であったので、殺して川へ流してしまった。その後これが発覚し、大曽根村の名主は打ち首となり、奥方は綾瀬川に身を投げた。その後、川に蛇が出るようになり、大曽根村の人たちは相談して蛇塚を作って供養するとおさまったという。（『八潮市史　民俗編』）

次は大曽根村から花又村への土手切り。綾瀬川が氾濫しそうになった。大曽根村の名主新八は村を救うため獅子頭を被り、腰に長い布を垂らし竜に見せて、泳いで花又村の土手まで行った。

花又村の者は竜がうねりながらくるのを見て一目散に逃げた。遠くで見ていると竜が土手を切り出したので、戻ってよく見ると獅子頭を被った大曽根村

綾瀬川にかかるかつての蛇橋　八潮市立資料館提供

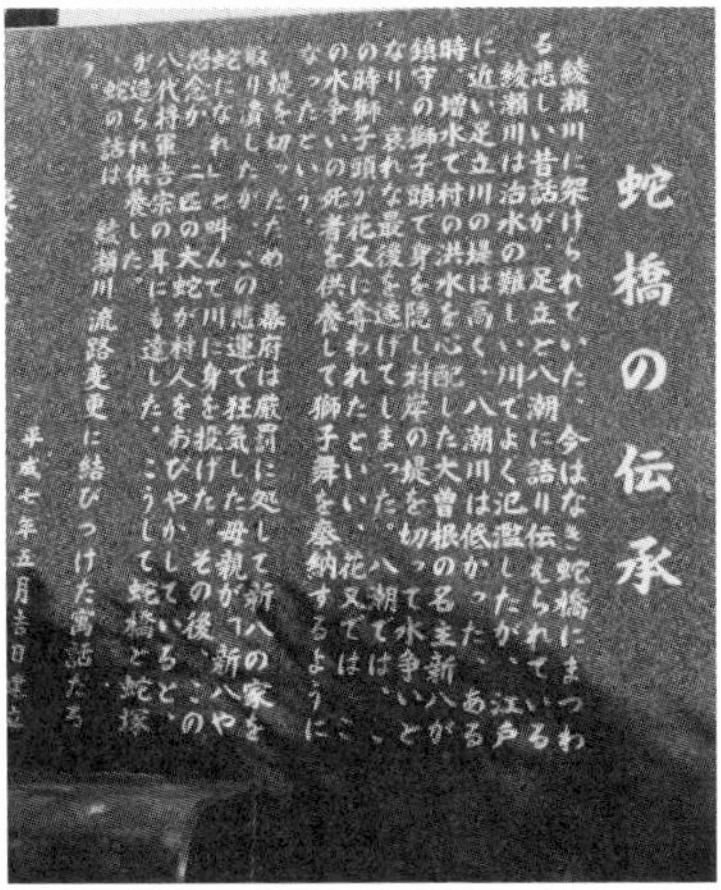

蛇橋の記念碑（足立区花畑）

の者であった。取って返し、半殺しにして川へ投げ込んでしまった。名主の母親はそれを聞き、悲観して川に飛び込んでしまった。

しばらくすると、大きな黒い蛇と白い蛇が出るようになり、通る人に難儀をかけるようになった。村の人たちは名主親子のたたりではないかと考え、蛇塚を建て供養したところ、蛇は出なくなったという。人々は、蛇塚のところにかけた橋だからというので「蛇橋」と呼ぶようになった。（『中川水系Ⅲ　人文』）

このように「蛇塚」にまつわる伝承が正反対の出来事として伝えられているのは面白い。共通点は獅子頭を被って土手を切りに行くことで、三郷市戸ヶ崎でも同様の伝承がある。土手切りで切られた方は、村の存亡に関わる一大事であった。

7 土手切り暗夜に計略

三郷市戸ヶ崎の香取浅間神社境内に祀《まつ》られている「茂岩不動之命」には、大水のときに対岸の土手を切りに行った若者の話が伝わる。

戸ヶ崎周辺の二郷半領は、昔から水害に苦しめられてきた。文化四年（一八〇七）六月三日、江戸川が氾濫。二郷半領の住民は水死してしまうという危機に瀕した。このままでは、村が水没してしまうので、対岸の桜土手（葛飾区水元）を切るしか方法がないと思案していた。

しかし対岸の桜土手の警戒が厳重なため、切りに行くことができず、住民は相談の結果、一策を案じた。小舟の舳先《へさき》に篝火《かがりび》を焚き、三頭の獅子頭を乗せ、暗夜に乗じて黒装束でこいで行き、対岸の土手を切ってしまおうということであった。

この計画は図に当たり、対岸を警戒していた者たちは、獅子が洪水で居どころがなくなったため火を吐いて泳いで来たものと思い込んだ。警護の者たちは、その凄まじい光景を目にし、蜘蛛《くも》の子を散らすが如く逃げ去った。その隙に桜土手を切り開いたところ、長沼村（現三郷市）の白石茂平と弟の岩蔵が渦巻く激流に巻き込まれ、水死した。

犠牲となった二人の冥福を祈り、霊を弔うために供養と道しるべを兼ねた「茂岩不動尊」を村境の堤に建立した。その後、この不動尊は現在の香取浅間神社へ移され「茂岩不動之命」として祀られている。

この話を八潮市域では次のように伝える。土手切りは、「蓑《みの》を被って竜に化けた蔵人兄弟」が行った。兄弟の霊を慰めるため、獅子舞を大瀬村（現八潮市）から習得し奉納。そのため大瀬と戸ヶ崎の獅子舞は似ている。

前述した八潮市大曽根と同様、この戸ヶ崎の伝承も、土手切りは成功するが、村を救った者は亡くなってしまう。戸ヶ崎では、二人の兄弟が「茂岩不動之命」として祀られている。

土手切りは、江戸時代の古文書にも記され、安政六年（一八五九）の葛西用水逆川の争論では、対岸を切崩そうとして、二人が舟で近づき捕まった。この一件は隣村の名主が中に入り、議定証文を交わし大事に至らなかった。（『埼玉県の川にまつわる郷土史調査報告書』）

このほかにも、小舟に乗り対岸を切崩すという記録が散見できる。土手切りは、史実として行われていたようだ。

江戸川の氾濫で村が水没する危機を救った茂平・岩蔵を祀る茂岩不動之命の祠（三郷市戸ヶ崎）

茂岩不動之命の石碑（上部）（三郷市戸ヶ崎）

8 災害教訓伝承としての獅子舞

前述した戸ヶ崎村（三郷市）を水没から救った茂平、岩蔵兄弟を祀《まつ》る「茂岩不動尊」の続きである。戸ヶ崎香取浅間神社獅子《しし》舞《まい》の師匠たちは、二人の土手切りの様子を「太刀《たち》の舞」として演目に取り入れ、感謝の気持ちを後世に伝えた。

この獅子舞は、天正一〇年（一五八二）六月一日に親方を招いて奉納した角兵衛獅子が起源。奉納したところ凶事がおさまり、村人が習い奉納するようになったという。この舞は太平洋戦争中でも休んだことがなかった。令和二年（二〇二〇）はコロナウイルス感染予防のため休止を余儀なくされた。

「太刀の舞」の舞台は、砂で四角に盛り上げた段を作り、その祭壇の上になみなみと水を注いだ茶碗を左右に二個置き、桜の枝を渡す。四隅には四色の御《ご》幣《へい》を立てる。水をたたえた茶碗は江戸川の洪水を、桜の枝は決壊させた桜土手を表す。

獅子は大獅子、中獅子、女獅子の三頭で構成し、「太刀の舞」は若衆年寄役の大獅子が演じる。悪魔祓いや村の安全の意味を込め、東西南北の順に柱に向かい四方を切る。そして太刀で茶碗に渡された桜の枝を勢いよく断ち切る。この所作は、茂平と岩蔵兄弟が桜土手を切ったことを表している。

その後、病気の人や体の調子の悪い人などが、この太刀で病魔を切ってもらう儀式が行われる。参加者は蓆《むしろ》の上に正座し、赤い布を頭にかけ、御幣を両手で持つ。大獅子が太刀で病気を退散させることを表現している。

なお、獅子舞保存会では、習い始めの子どもたちに「太刀の舞」の由来を教えているという。

これまで、東部地域の人々の暮らしと深く結び付

香取浅間神社の獅子舞「太刀の舞」—太刀で茶碗に渡された桜の枝を勢いよく断ち切る（三郷市戸ヶ崎）

く河川や洪水にまつわる行事や伝承を見てきた。これらは貴重な「災害教訓の伝承」である。堤防の決壊地点付近に祀られる八大龍王《はちだいりゅうおう》や九頭龍大権現《くずりゅうだいごんげん》などの水神は「洪水・治水遺産」である。洪水で流れ着いた神仏などの漂着神伝承や巡礼母娘の人柱伝承は「洪水・治水伝承」である。ここで紹介した獅子舞は、洪水の恐怖や土手切りを行った恩人を忘れないための「洪水・治水の芸能」として捉えられる。大切な文化として後世に伝えていきたい。

香取浅間神社の獅子舞「太刀の舞」—大獅子が太刀で病気を退散させる（三郷市戸ヶ崎）

香取浅間神社の獅子舞—三頭の獅子による獅子舞（三郷市戸ヶ崎）

第四章
洪水から命を守る知恵
―水塚―

屋敷の一隅に設けられた水塚―県東部地域の全域で洪水時の避難場所として水塚がみられる。昭和22年のカスリーン台風のときには、多くの人が水塚に避難して助かった（白岡市荒井新田）

1　家守る水防施設「水塚」

本章では、東部地域でみられる水を巡る住まい方として「水塚《みづか》」を紹介したい。

写真のような田園風景を見ることがある。緑の水田の先には小高い塚が築かれ、塚上には建物と樹木が植えられている。主屋は塚の奥にある。この塚が大水のときに押し寄せる濁流から、主屋を守り、家族の避難場所となる大切な水防施設「水塚」だ。

水塚は屋敷地の一隅を土盛りし、水害時に大水から生命や財産を守るものである。水が引くまでの避難生活の場だ。昭和二二年（一九四七）九月のカスリーン台風の際には、家族だけでなく、近所の人たちも一緒に避難して助かったという話を聞く。

この塚を広く「水塚」というが、地域や家によってさまざまな呼び方がある。水塚はミズカ、ミヅカ、ミズツカなどともいう。久喜市や幸手市などでは「クラ（倉）」「ドゾウ（土蔵）」、吉川市や三郷市などでは「ジギョウ」「ジンギョウ」「ツキヤマ（築山）」と呼ぶ家もある。ジギョウとは、建築をする前に地面をならしたり、土盛り工事をすることである。

東部地域は加須低地、中川低地などに位置し、度重なる水害に苦しめられ、水塚は全域に分布している。分布数に濃淡があるが、約一千基もの水塚が現存するという。（『埼葛・北埼玉の水塚』）

なかでも水害常襲地帯であった加須市旧北川辺町や旧大利根町、久喜市旧栗橋町では、水塚の数も多く、塚は高く、規模も大きい。大宮台地と下総台地の間が最も狭い春日部市域では、洪水時に水位が上昇するため、多くの水塚が存在し塚も高い。一方南部の三郷市や八潮市、吉川市などは数は少なく、塚は低く、規模は小さい。

これらの差は、洪水時の水位が影響している。水位の高い場所では、水塚は水位より高くなければ役目を果たさずおのずと高くなる。一方、水位の低い地域では、洪水時の水位を越える程度に塚を築くことで避難が可能になる。

東部地域以外では荒川中流部の河道と台地の間の低地が続く右岸の吉見町、川島町、志木市、富士見市などに水塚は分布している。全国的には利根川の中流域や多摩川の下流域、濃尾平野の輪中地帯などでも見ることができる。

典型的な水塚のある風景（加須市）

荒川流域の水塚の様子（吉見町）

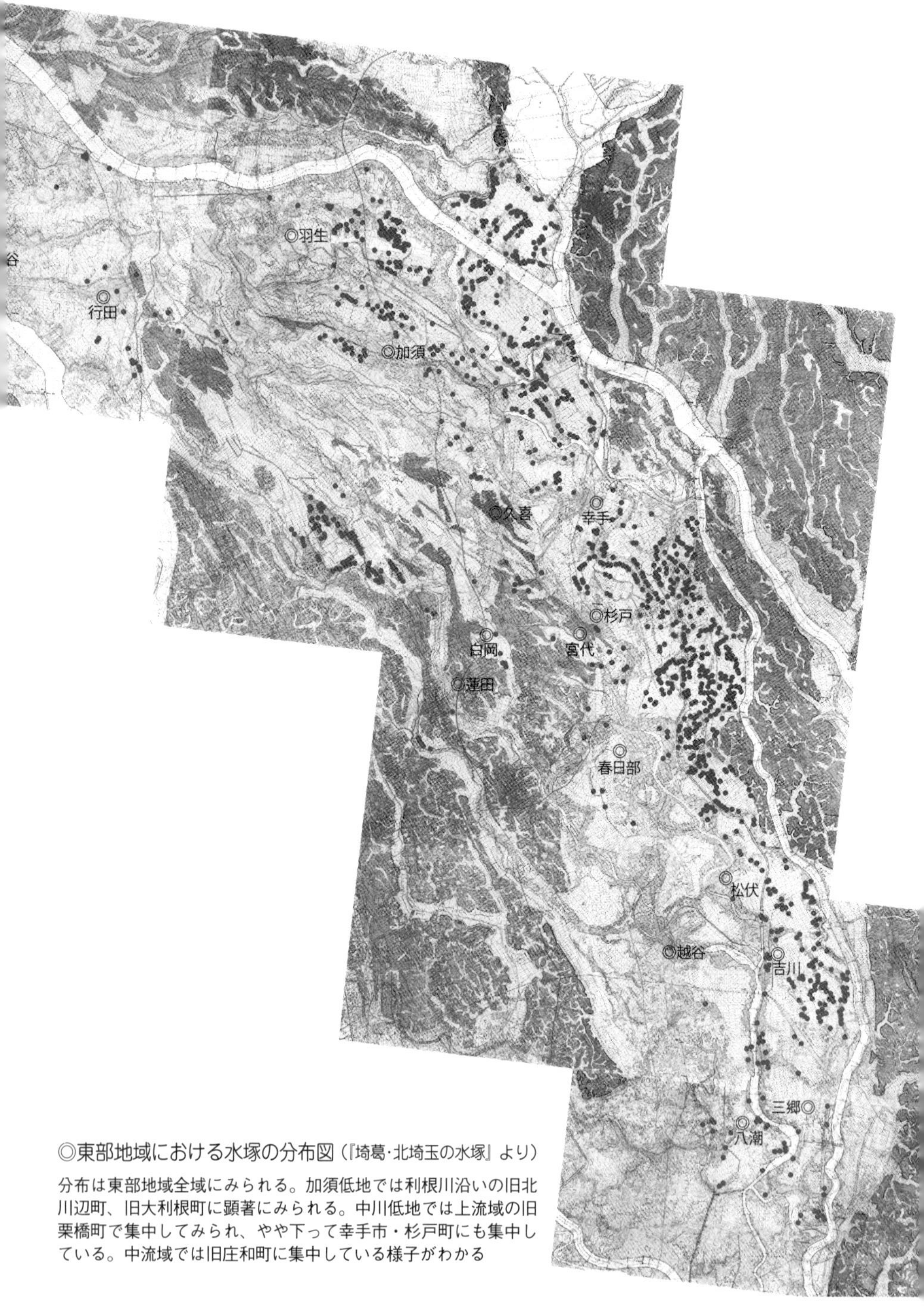

◎東部地域における水塚の分布図（『埼葛・北埼玉の水塚』より）

分布は東部地域全域にみられる。加須低地では利根川沿いの旧北川辺町、旧大利根町に顕著にみられる。中川低地では上流域の旧栗橋町で集中してみられ、やや下って幸手市・杉戸町にも集中している。中流域では旧庄和町に集中している様子がわかる

コラム

水塚を梨の貯蔵施設に

水塚は洪水時に人や家財を避難させる施設である。しかし、洪水の発生が少なくなると、水塚の転用が行われることがある。

一つの転機として昭和二二年（一九四七）のカスリーン台風があげられる。それ以前には塚上の倉の中には、避難時の生活に必要な寝具、穀物や味噌などが保管されていた。カスリーン台風後は、普段使うことのない道具等の保管場所として使用するようになった。

そうしたなか、県内有数の梨主産地である白岡市柴山地区などでは、水塚の土盛り部分を横から掘り穴を開けて、梨の貯蔵施設として利用した梨農家もあった。梨は晩秋に収穫する品種を貯蔵して、果物の少なくなる正月用に出荷したという。このほかにも、加須市旧大利根町では、サツマイモや里芋の貯蔵に利用したという。

土盛り中央に穴の開けられた白岡市柴山の水塚

土盛りが削られた穴の部分の様子

2 大水後に造られる水塚

まず、水塚の築造や解体について見てみたい。東部地域では一五〇〇基以上の水塚が造られたと推定される。これらの水塚の築造年代を古文書や建物への墨書など記録として確認できるものは少ない。所有者に尋ねると「先祖の話では、江戸時代の終わりころから、明治時代の初めころに建てられた」、「江戸時代後期に造られた」などの回答が寄せられる。

平成二五年（二〇一三）に東部地区文化財担当者会が発行した『埼葛・北埼玉の水塚』では、築造年代が二五二件報告されている。内訳は江戸時代が六一件、明治時代が一四二件、大正時代が二一件、太平洋戦争前が九件、太平洋戦争後が一七件、平成時代が二件である。

時代ごとの特徴を見ていくと、江戸時代の六一件の半数の三一件が後期である。また、年代の確認できるものは、天明・文政・天保・弘化・嘉永・安政・文久・慶応である。明治時代は一四二件と多いが、年代が確認できるものは三一件のみである。

大正時代は、明治四三年（一九一〇）の大水害を受け築造が増えた。太平洋戦争後は、昭和二二年（一九四七）のカスリーン台風による水害が契機になっている。ちなみに、甚大な被害があった旧大利根町では、台風後の五年間に一〇件も新たに造られた。このように大水の体験が水塚築造の契機となっている。

水塚を造ったときの様子を紹介しよう。久喜市佐間のある家では、カスリーン台風の後に夫婦で約一カ月かけて高さ二メートルの水塚を造った。水塚の土は近くの畑から二畝分（約一九八立方メートル）の土をシャベルで掘って運び、杵でついて固めた。

塚上には間口二間（約三・六メートル）、奥行三間（約五・五メートル）の平屋の小屋を建てた。

斜面には雨で土が流れないように芝のようなものを植え、塚上には風よけにサンゴジュなどを植えた。

この水塚は一度も使用されずに、主屋を新築する平成一二年（二〇〇〇）に敷地を嵩《かさ》上げするため壊した。

解体年代について『埼葛・北埼玉の水塚』では、一六四件報告されている。昭和時代に八九件、平成時代に六五件が解体されている。理由は「水塚の土を利用して敷地を高くする」、「堤防の拡幅により移転対象となった」などがある。

治水施設が整備されるにつれ、水塚の存在意義が薄れたのだろうか。今後も水塚は消滅していくものと思われる。

石段のある水塚（加須市弥兵衛）

高低差の少ない水塚（白岡市荒井新田）

3 土盛りの水塚が多数

ここでは、水塚の斜面部分がどのような素材を用いているか見てみたい。水塚の多くは土を盛った「土盛り」である。『埼葛・北埼玉の水塚』では、土盛りが回答総数六三六件中五一九件と八一・六パーセントを占めている。これは水塚の築造に当たって大量に必要となる材料として、土が入手しやすいためと考えられる。土盛りには、斜面にリュウノヒゲという常緑の植物などを植えて斜面を補強することが多い。

次いで多いのが石積みの四九件で七パーセントである。石積みとは、土盛りの周囲を大谷石などの石で積む方法である。塚全体を石で覆うものと部分的に石を積むものがある。石積みに用いる石材は、大谷石、丸石、玉石などがある。

土積みと石積みの二種類併用の積み方も四一件で六・四パーセント報告されている。また、石の代わりにコンクリートやレンガ、ブロックなどを用いる例もみられる。

数は少ないが、自然堤防や砂丘などといった地形を利用した水塚もあった。自然堤防上のものとしては、久喜市松永（旧栗橋町）、久喜市東大輪（旧鷲宮町）などがある。砂丘上では春日部市小渕がある。

自然堤防とは大河川の下流域の両岸にできた堤防状の微高地のことである。砂丘と聞くとびっくりする方も多いと思われるが、東部地域の羽生市から越谷市にかけての利根川の旧河道沿いには河畔砂丘が発達している。河畔砂丘は河原から吹き上げられた砂が堆積し、形成される砂丘のことである。加須市の志多見砂丘、久喜市の西大輪砂丘などは「中川低地の河畔砂丘群」として、埼玉県指定天然記念物となっている。

水塚の上には、樹木が植えられている。倉が建っていればその周囲、倉のない場合は一面に立木があるものが多い。立木の種類はさまざまで、欅・杉・竹・樫・榎・柏・槇・椿・榊・楠など多様のものがある。かつては欅や樫は自家用の建築用材となり、桐は女児が生まれると婚礼のとき家財道具を整えるように植えられたものである。

これらの樹木を植える目的は樹木の根によって斜面部分の崩壊を防ぎ、水塚上の建物や主屋に対する防風、流木などの衝突を防ぐ大切な働きをしている。また、洪水時には樹木に家畜や船などを括り付けておくこともある。

石で覆われた高さのある水塚（加須市麦倉）

芝や樹木の植えられている水塚（白岡市柴山）

4 水塚に見る生活の知恵

今回は、水塚の塚上の建物やその利用法について見てみたい。水塚上の建物には生活の知恵が詰まっている。

建物の規模は間口三間（約五・五メートル）から四間（約七・三メートル）、奥行二間（約三・六メートル）から三間のものが多い。建物は二階建てと平屋があり、構造は木造、土蔵造りがある。

建物には、どのようなものが保管されていたのであろうか。かつては、水害時の避難場所として一定期間生活することを想定し、必要な生活物資を常備していたものが多かった。一階に米や味噌、燃料など、二階にたんすや長持ち（長方形の木製の箱）などを置き居住空間としていた。

現在では、普段使用しないものを収納する物置的な使用法になった。ちなみに昭和二二年（一九四七）のカスリーン台風のときには、水塚で約一か月も避難した家もあった。もちろん、水や食糧は舟や筏《いかだ》で運んだ。

塚上に屋敷神を祀《まつ》る例もみられる。水塚は水害時の避難場所なので水神が多く祀られていると思いきや、意外に少ない。

水塚の使用法として、生活の知恵や工夫を見てみたい。水害常襲地帯の旧北川辺町などでは、穀物を保存する俵の積み方は、下から大麦、小麦、米、大豆の順に積み上げていく。水に浸かっても保存の利くものを下から順に積む。大麦は一〇日や二〇日くらい浸かっても乾燥させると食べられるが、米は長く浸かると臭くて食べられなくなる。大豆は水に浸かると発芽してしまい食べられなくなってしまう。

味噌樽や醤油樽などは、ふたを油紙や菰《こも》で覆ってから樽の首を荒縄で縛り、外部から水が入らないようにして、三、四メートルの遊び縄をつけて水塚の軒下の柱や立木に縛り付けておく。水が来ると樽は水中に浮き、水が退けるときには縄を手元に引くと元の位置に戻すことができる。このように、縛り付けることは下駄や草履などの履物でも同様の話を聞く。大水で流されないための経験から生まれた知恵である。

　建物二階の梁《はり》や天井《てんじょう》に滑車が備え付けられているものがある。二階への昇降には階段かはしごが用いられるが、狭く急なため避難するときにこの滑車でいち早く荷物を上げるためである。

穀物保管用俵の積み方（群馬県板倉町文化財資料館の展示）

二階の滑車（久喜市中里）

5 水塚に一五〇人が避難

埼玉県内で最大級の水塚を紹介しよう。この水塚は加須市琴寄の小林家水塚である。小林家は代々琴寄村(旧大利根町)の名主を務め、文政六年(一八二三)に家督を相続した七代当主官吉《かんきち》は、貧民救済による褒賞が数度に及び、苗字帯刀も許された家柄である。

小林家の水塚は三〇〇年前の築造と伝えられ、平面で見ると主屋を囲むようなL字形で、高さは約三メートル、幅は六九メートル、奥行三五メートルでL字の最も長いところは五八メートル。水塚の面積は約三反(約三〇〇〇平方メートル)、水塚を囲む構《かまえ》堀《ぼり》は三方に約五反(約五〇〇〇平方メートル)という広大な面積である。大きな構堀を造ることによって、掘り出された土を用いて水塚を築いた。現在、堀は埋め立てられ見ることはできない。主屋から水塚を見ると、まるで堤防のような光景である。

周囲は屋敷林で囲まれ、風を防ぐとともに利根川の氾濫時には押し寄せてくる濁流の水勢を弱め、家屋や家財の流出を防ぐ役目もしている。

塚の前面は石積みで、右端に屋敷神へ登る階段があり、また、右端から塚に登るスロープがある。塚上には蔵が四棟もあった。二階建ての土蔵が二棟、平屋の味噌蔵一棟と平屋の文庫蔵一棟。ほかに屋敷神として八幡社と稲荷社の祠が祀《まつ》られている。八幡社の手水鉢《ちょうずばち》には、天保一〇年(一八三九)の銘がある。さらに、揚げ舟と呼ぶ水害のときに人や物資を運ぶ舟を二艘所有している。

この水塚には井戸も備わり、備蓄品として米、大麦、醤油、味噌、漬物や生活必需品として布団、衣類、大釜、かまどもあった。

昭和二二年(一九四七)のカスリーン台風のとき

には、家族や使用人のほか近所の人たちなど総勢一五〇人が二、三か月も避難した。このときの水は主屋の二階まで達し、塚上まであと三〇センチメートル位のところで止まったという。

蔵の中には保存食として江戸時代の安政ごろ（一八五四～六〇）のタニシの乾燥したものと籾《もみ》のままの米が山積されていたが、古いものなので食べなかったという。かつてタニシは食用として、田植え前に捕り、泥をはかしてゆでて殻から身を取り出し、味噌煮にしたり、醤油味の佃煮にしたとの話も聞く。

立派な屋敷神様（加須市琴寄小林家の水塚）

塚へ登る石段（加須市琴寄小林家の水塚）

広場のような塚（加須市琴寄小林家の水塚）

6 大水時に活躍した舟

農家に伺うと、主屋や物置の天井や軒下に吊り下げてある舟を見ることがある。この舟は洪水時に人命や財産を守るためのもので「アゲブネ（揚げ舟）」、「水害予備舟」という。舟は個人所有であるが、なかには白岡市爪田ケ谷のように集落で数艘《そう》の舟を共同所有している所もある。

一般的な大きさは、長さ二間（約三・六メートル）から三間半（約六・三メートル）、幅三尺（約一メートル）、厚さ一寸（約三・三センチメートル）である。大型の舟では牛や馬、稲束なども運んだ。

洪水のときには、この舟を下ろして人命救助、食糧や水など物資の輸送に用いた。水田での苗や稲の運搬や稲刈りなどにも使われた。

昭和二二年（一九四七）のカスリーン台風のときには、舟が避難活動や救助活動、飲み水の調達などで活躍した話を耳にする。

舟の吊るし方は、写真のように舟底を下にしているものと上にしているものがある。底を上にして吊るしている方が多いが、綱を切ればすぐ水に浮く底を下にした方が正しいようだ。

アゲブネを水上に浮かせる工夫や漏水の止め方について、『板倉町史　別巻四』をもとに加須市旧北川辺町の様子を見てみたい。

アゲブネは、吊るしてあるためほこりが溜まったり、乾燥しているので、そのまま水に浮かべると水が漏れ、人や荷物を乗せることができない。そのため、さまざまな工夫がされる。漏水を防ぐには舟の前方の舳先《へさき》を少し低くして、熱湯を一気にかけ流すと、舟底が急に膨れて漏水しなくなる。また、大水の出る前に舟を下ろして雨にかけておき、自然に舟板を湿らせて漏水をなくす方法もある。

アゲブネを下ろすときには、地面に直接置くベタ置きはするなという。舟底が地面に吸い付き水が来ても浮かなくなる。必ず舟底に丸太のコロを挟み隙間を作っておくことが大切。また舟が浮く前に米俵や麦俵を積み込んでおくと、その重みで舟は水に浮かない。荷物を舟に積むときは、水が来て舟が浮いてから積まなければならない。

舟底を下にして吊るしたアゲブネ（加須市麦倉）

舟底を上にして吊るしたアゲブネ（白岡市爪田ケ谷）

7 カスリーン台風と水塚

水害時に水塚はどのように利用されたのか、見てみたい。水塚に避難するような大洪水は、直近では昭和二二年（一九四七）九月のカスリーン台風のときである。

利根川が決壊した加須市旧大利根町では、町史編さんのため、一九九〇年代に地域で聞き取りを実施した。二二九基の水塚のうち利用したのは一四三基（六二・四パーセント）であった。水塚を利用しなかったのは、浸水被害が少なかった地域や近くに高台がある地域である。なかには、水塚が浸水したため使用できなかったものもある。

利用率の高い地域は、水が直撃したところである。なかでも浸水までの時間が短く、近くに避難する高台もなかった地域では一〇〇パーセント使用されていた。

具体的に見ると、自家の水塚に避難したのは七八軒（三四・一パーセント）、自家の水塚に他家の人を避難させたのが六八軒（二九・七パーセント）、他家の水塚に避難したのが一四軒（六・一パーセント）である。塚の上まで浸水した水塚が二六軒（一一・四パーセント）もあった。

水塚への避難は複数の家族で行っているケースが多い。なかには、持ち主は主屋の二階に避難し、他所の家族が水塚を使用しているケースもある。近隣の人たちが助け合っている様子がよくわかる。

水塚の高さは、今まで経験した大水の水位をもとに造られているので、水塚の上まで上がることは少ない。カスリーン台風のときには、水塚の上まで上がったとの話を各地で聞く。これはこの洪水が今までに経験したことがないものであったといえる。

避難生活では、水と食糧の確保に苦労したという。大水で孤立しているので、調達には前述したアゲブネが活躍した。高台にある親戚や知り合いの家にもらいに行ったという。また、農耕に必要な牛馬も家族同様に水塚や堤防などの高台に避難させた。

加須市のある家では、カスリーン台風のとき水防団から利根川が危ないとの連絡があり、家族で位牌《いはい》や必要な家財道具を水塚の二階に上げた。水は水塚の一階の途中まで上がってきたので、家族は二階に避難した。翌日には水塚の二階から舟で利根川堤防に避難した。堤防上に一か月半避難して家に戻った。このように、堤防上で避難した方も大勢いた。

当時の様子を「まるで大きな琵琶湖を見ているようだ」という人もいる。

濁流に流される家屋
(「昭和二十二年九月　埼玉県水害誌附録写真帳」より)

堤防上で祈りを続ける人たち
(「昭和二十二年九月　埼玉県水害誌附録写真帳」より)

8 展示施設の水塚

東部地域の人々の生命と財産を洪水から救ってきた水塚を紹介してきた。現在でも約一〇〇〇基もの水塚が残っているが、個人の屋敷地内にあるので見学や塚に登ったりする体験は難しい。そこで、展示施設として一般に公開している水塚を二つ紹介しよう。

一つは、久喜市指定有形文化財の吉田家水塚である。この水塚は利根川堤防強化対策事業に伴い平成二四年(二〇一二)に久喜市栗橋北二丁目から、市内伊坂の栗橋文化会館敷地内に移築復元したものである。吉田家は日光街道栗橋宿に茨城県五霞町から移住して一四代にわたって金物商などを営んでいた。

水塚は大谷石を積んだ高さ約二メートルの塚上に二棟の二階建ての蔵が並んでいる。塚の大きさは東西二一・五メートル、南北一三・五メートル、広さ約二九〇平方メートルである。蔵は江戸末期に建造された「大蔵」と明治三七年(一九〇四)に建造された「向う蔵」がある。

この水塚は商家のものとして市内唯一のもので、栗橋宿の歴史と生活の知恵を伝える歴史資料である。昭和二二年(一九四七)のカスリーン台風のときには、近所の住民約二〇人がこの水塚に避難し、数日間を過ごしたという。

公開日は毎週土曜日、日曜日で、年末年始と文化会館の休館日は閉館(問い合わせは久喜市文化財保護課)。

もう一つは、加須市の北川辺ライスパーク敷地内の加須市北川辺郷土資料館に設置されている水塚。旧北川辺町は利根川などに囲まれたかつての水害常襲地帯であった。この水塚は、土盛りの高さ二・五メートルの塚上に二階建ての蔵が建っている。塚の大きさは東西一二メートル、南北一二・六メートル、広さ約一五一平方メートルである。

北川辺郷土資料館は「水との闘い」の歴史を背景とした「水場の産業と低地の暮し」にスポットをあてた展示が行われている。北川辺地域の人々の歴史や民俗に関する資料を展示、水塚紹介のパネルも充実し、長さ約六メートルのアゲブネの実物も身近に見学できる。

資料館は月曜日(月曜日が祝日の場合はその翌日)、年末年始が休館（問い合わせは加須市生涯学習課）。

両施設とも、水塚に登り塚上からの風景を見ることができる。一度、水塚上からの眺めを体験してみては。

久喜市指定有形文化財吉田家水塚（久喜市伊坂）

加須市北川辺郷土資料館の水塚（上）と資料館の展示（下）

コラム

洪水時の輸送手段に筏も

洪水時の避難、物資の輸送は舟に頼るしかない。水害常襲地帯では、水塚とともにアゲブネと称する水害予備舟を供えていた家も多い。この舟は、普段は主屋や物置の軒下や天井に保管されている。

カスリーン台風のときには、舟が水や食糧などの物資の輸送、調達に役立った。また、救助活動や人の避難や往来にも大活躍した。なかには、避難中に産気づいた妊婦のために助産師が舟で駆け付け、無事に出産したという話も聞く。

一方、舟のない家では、筏《いかだ》を作り舟の代わりにしたという。なかには、流れて来た電柱を組んで筏にしたり、畳床《たたみどこ》三枚分の床（畳の芯。稲わらを重ねたもの）を束ねて舟代わりにしたという人もいる。

また、「田んぼの水がある程度引いた後、筏を作って通っていたら、筏の底が稲穂のヘドロを落とす結果になり感謝された」という話もある。

救済物資を満載し、分配に活躍の水防団員（「昭和二十二年九月　埼玉県水害誌附録写真帳」より）

第五章　豊かな稔りを——掘上田——

空から見たホッツケ田—宮代町の「新しい村」では、再生された「ホッツケ田（掘上田）」を10面所有し、田植え・稲刈りなどを実施し、毎年大勢の方が参加している（宮代町山崎・宮代町提供）

1 不思議な形の田―掘上田

本章では、関東地方でも有数の穀倉地帯である東部低地の生業として「掘上田《ほりあげた》」の耕作や漁撈《ぎょろう》について触れたい。東部地域では江戸時代に利根川の東遷、荒川の西遷事業が行われ、洪水流量が軽減された。その後、見沼代用水などの用水路が開削され、それまで灌漑《かんがい》水源としての溜井《ためい》の役割が解消され、池沼の開発が著しく展開した。このとき行われたのが掘上田の手法による田の造成である。

写真は宮代町の笠原沼田んぼの昭和四〇年代の航空写真である。下部の黒い部分は農家を囲む屋敷林や林で、付近には畑が広がっている。中央部に魚の骨のように見えるのが掘上田と堀である。田んぼと田んぼの間にいくつもの堀が巡っている。上部の左から右に流れているのは、笠原沼の上流の水を沼に流入させないで下流に流している「付廻堀《つけまわしぼり》」である。沼に溜まっている水は、内部に「中落堀」を開削して排水し、沼を干し上げる。

その後、沼底の泥土を嵩《かさ》上げて田を造成し、泥土をとった部分は掘り下げられ溝渠《こうきょ》、すなわち水の残った堀となる。掘上田は嵩上げされた「田」と、掘り下げられた「掘潰《ほりつぶ》れ」の堀が並行して交互に櫛の歯のように連続する。泥土で造成するので、肥料分を多く含む、肥沃な田を形成することができた。

田の部分の呼び方は、宮代町笠原沼や久喜市小林沼などは「ホッツケ田」、杉戸町大島新田では「ホッツケタンボ」、白岡市柴山沼や吉川市平井では「ヌマタ（沼田）」、羽生市三田ケ谷では「フカンボ」と地域により多様である。

沼地の「掘潰れ」の呼び方は、多くの地域では「ホッツケ」や「クリーク」、杉戸町大島新田では「イケ（池）」、

笠原沼の掘上田（宮代町・昭和 40 年代）宮代町郷土資料館提供

羽生市三田ケ谷では「ホリ」などと呼ぶ。

宮代町笠原沼の掘上田付近の現況は、田んぼから遊園地と動物園を併設した東武動物公園や宮代町の農の力を借りて「新しいコミュニティ」を創造することを目的とした「新しい村」となっている。新しい村では、再生された掘上田を一〇面所有し、田植えや稲刈りなどの体験を実施している。

田の中にある池状のホッツケをマルポッツケと呼ぶ（宮代町）

柴山沼のヌマタ（白岡市柴山・荒井新田）

2 大島新田開拓者をしのぶ

ここで紹介する大島新田の掘上田は、幸手市戸島と杉戸町本島に及ぶ広大な水田地帯にあった。ここはかつて安戸《やすど》沼または倉松沼と言われた沼地を開発した新田である。

航空写真で見るように、自然堤防に囲まれた中に、太く輪郭を描くように周辺から流入する水を沼に入れないで下流に流す「付廻堀《つけまわしぼり》」が巡らされている。

安戸沼には杉戸宿地域からの悪水（排水）や鷲宮・幸手地域からの悪水が流入していた。これらの悪水を北付廻堀と南付廻堀に流し、すでに開削されていた安戸落悪水路（北付廻堀）、倉松落悪水路（南付廻堀）にそれぞれ接続した。

これで悪水の流入は防ぐことはできたが、反面、付廻堀が新田内の堀よりも高いため、新田の排水が不良となった。そこで、新田内に「中悪水路」を開削して、付廻堀を伏越しで通過させ排水した。

大島新田の歴史は、享保三年（一七一八）に江戸柳橋（現台東区）の町人大島清兵衛が幕府より沼の開発許可を受け、享保八年に開発を完成させた。村名は開拓者の大島清兵衛に由来する。

大島新田は、総面積約一二〇町歩（約一二〇ヘクタール）、内訳は田畑及び荒地等で約八〇町歩（約八〇ヘクタール）、掘潰れの池沼や悪水路等が約四〇町歩（四〇ヘクタール）となった。耕地と掘潰れの割合は、二対一の割合である。数多くの縦と横の筋が幾何学的な線のように見える。この線が、堀として残った「掘潰れ」である。

工事の完成にともない大島清兵衛は入植者を募った。入植者は近隣の安戸村、佐左衛門、才羽村、倉松村、杉戸宿等から三〇戸余であった。これらの人々の屋敷は付廻堀を掘った土を堤防の内側に積み上げ、そこに並んで配置された。なお、田畑、屋敷で一戸当たり一町二反歩（約一万一九〇〇平方メートル）が割当てられた。

大島清兵衛は、元文三年（一七三八）に亡くなったが、五〇回忌の天明七年（一七八七）に墓が建てられ、村民が偉功をしのんで冥福を祈った。なお、命日の七月八日は「清《せい》兵《べ》衛《え》八《よう》日《か》」と呼ばれ、村人が清兵衛の墓にお参りした後、稲荷神社で米穀を供え酒食を共にして遺徳をしのんでいる。

大島清兵衛の墓（杉戸町本島）

現在大島新田は、中央部に「大島新田調整池」が設けられ、調整池を掘った土で掘上田は埋め立てられ良田になっている。

大島新田の掘上田（杉戸町・昭和 21 年）地理空間情報ライブラリー・国土地理院提供

3 地盤低下を防ぐノロアゲ

次に掘上田の管理や維持について見てみたい。

掘上田は沼底の土を嵩《かさ》上げして造成された田である。この田は大水などで浸食を受けると、「ホッツケ」と呼ばれる堀の中に崩れ、ヘドロとして溜まる。これを「ノロ」という。ホッツケに溜まったノロを上げる作業を「ノロアゲ」と呼び、田や「クロ」いわゆる畦畔《けいはん》の補修に用いる。

堀に崩れて落ちた土を田に戻すことは、田の地盤の低下を防ぎ、田面やのり面を強化する。また、田のへり（縁）にノロを積むことによって畦畔の機能を持たせることができる。さらに堀のドロがさらわれることにより、堀の通水もよくなる。

ノロには有機分が豊富に含まれ、肥料の供給にもなる。掘上田の収穫量は、普通の田より一反（約一千平方メートル）当たり一、二俵も多く、「肥料の量が少なくて済んだ」、「まったく肥料は使用しなかった」などの話も聞く。

ノロアゲは、ホッツケの底に溜まっている水をかき出す「カイボリ」から行う。水をかき出すには、「ミズグルマ」（水車）と「ウッツリ」という桶を用いる。ホッツケの水が減り水車が使えなくなると、ウッツリを使って、堀の底に溜まっている水をかき出す。桶に長い縄を二本つけ、二人が両側に分かれて向かい合い、調子を合わせ振り子のように桶を移動させ、底に溜まった水をかき出す。

ノロアゲ作業は堀の底と田面の高低差があるため重労働だ。堀は深さが五尺（約一・九メートル）程あり、堀に入ると普通の男の人では頭が見えないくらい深いものもある。ノロアゲは「ノロアゲシャクシ」を用いて行われる。ノロアゲシャクシの柄は、軽くてしなりやすい柳を材料としている。柳材はしなりやすいのでテンポよく作業ができる。

ノロアゲはノロが固い方が道具から落ちないできれいに仕上がるが、体に負担がかかる。トロトロの甘酒状態のノロを上げた方が体には楽である。また、ノロに水分がないとノロがシャクシから離れないので作業がやりにくいという。

ノロアゲでノロが堀から上がる様子は、遠くから見るとちょうどカラスが堀から飛び上がっているようであったという。

掘上田でのウッツリの作業（『大島新田の歴史と民俗　第二集』より）

掘上田でのノロアゲの作業（『大島新田の歴史と民俗　第二集』より）

4 収穫を左右する藻刈り

掘上田の稲作で大切なことに排水路の通水の確保がある。排水の善し悪しによってその年の収穫が大きく左右される。排水路に生育する藻や真菰《まこも》などを刈り取って、水の流れを円滑にすることを「藻刈《もが》り」という。聞取りデータや『大島新田の歴史と民俗第二集』を基に藻刈りの様子について見てみたい。

杉戸町の大島新田では、掘上田の主要排水路である「中水道」や掘上田の周りの安戸落悪水路、倉松落悪水路などで藻刈りが行われた。藻刈りは掘上田を耕作する全戸から人が出て共同作業として行われた。時期は水の流れをよくするため田植えの前に一回、その後七月ごろまでに四、五回行われた。

藻刈りは、耕作面積の多少によって、年間に出役《しゅつやく》しなければならない回数が決められる。出役の割当てがあると、決められた場所へモガリナギナタなどと弁当を持って集合する。一人の受け持ち区間は四〇間（約七三メートル）で、これをイチチョウバ（一丁場）という。

作業は三人が一組となって一二〇間（約二一八メートル）を受け持つ。受け持ち区域は、場所によって藻の多い所と少ない所、浅い所と深い所、遠い所と近い所とがあることから不公平にならないようくじ引きで決める。

藻刈りには、モガリガマ（藻刈り鎌）やモガリナギナタが使われた。モガリガマは、普通の鎌に比べて大型で分厚く、幅の広い頑丈な作りになっている。柄の部分は五、六メートルの長い竹竿でできている。モガリナギナタは、名称のように薙刀《なぎなた》のような形をしており、柄の部分や刃渡りが長い。

作業は場所や藻の生育状況によって堤の上からや

悪水路などの中に入って行う。悪水路の中では、三人が横一列に並んでモガリナギナタで藻などを根元から切りながら前に進んで行く。悪水路の岸の方は浅く中の方は深いので、中の方は背の高い人が受け持つ。場所によっては首まで漬かって作業を行ったという、大変な重労働である。

なかでも苦労したのは、カミソリモクというカミソリのような葉がある植物で触れると出血する。刈り取った藻や真菰は端に寄せておくと、自然に腐ってヘドロになる。

杉戸町に今も残るモガリナギナタ（杉戸町本島）

中水道の藻刈り風景（『大島新田の歴史と民俗　第二集』より）

5　掘上田―田植えと稲刈り

掘上田の稲作は、肥沃《ひよく》な土壌ではあるが「ホッツケ」というクリーク（水の残った溝渠）に囲まれた中での作業である。田植えや稲刈りなどはこの条件を生かしながら工夫して行ってきた。

ここでは、羽生市三田ケ谷《みたがや》地区の様子を三田ケ谷地区地域史発掘実行委員会がまとめた、『低湿地で行われた新田開発（堀上げ田）と稲作』を参考に見てみたい。

掘上田では、水位が上がると掘上田とホッツケの境がはっきり分からなくなり、人や耕作に用いる馬や牛が、ホッツケに落ちてしまう危険が伴う。そこで田んぼのヘリ（縁）から、苗を植え目印としておく。

三田ケ谷では、田植えの一か月ぐらい前に、畦《あぜ》に籾《もみ》を蒔いておく。田植えの時期に成長するので、ホッツケと田んぼの境の目印にした。畦は肥料分が多く、収穫量も多かった。

不規則な掘上田には、作業用の道がない。そのため奥にある田んぼの所有者が作業をするために三尺（約九〇センチメートル）の幅を開けておく。この道を「馬道」といい、誰でも通ることができた。奥の田んぼの田植えが終わると、馬道に稲を植えるという暗黙の了解の上で作業が行われていた。

掘上田の稲刈りは、刈り取った稲の搬出が大変である。水路のように巡らされた堀の中を、舟に稲を高く積み上げ、効率よく運んだ。三田ケ谷では、収穫した稲は幹線の水路に設けられた「舟着場」まで舟で運び、ここからはリヤカーで家まで運ぶ。舟着場は舟を杭で停めて稲を運び出すことができ、使用する日を決めて順番に使用した。

舟は三畝（約三〇〇平方メートル）の田んぼの収

穫量を運ぶことのできる「三畝舟」、五畝の収穫量を運ぶことのできる「五畝舟」がある。舟の一般的な大きさは、長さ約六、七メートル、幅約一・五メートルである。この舟は普段は軒下に吊るされ、洪水のときには避難用に使用した。なかには水路で直接家まで運ぶことができる地区もあった。

三田ケ谷地区にある国指定天然記念物「宝蔵寺沼ムジナモ自生地」では、ムジナモの自生地に欠くことのできない自然環境として「宝蔵寺沼の掘上田」の保存も行われている。

掘上田の稔り

田舟による稲上げ風景
(『低湿地で行われた新田開発(堀上げ田)と稲作』より)

6　魚捕り――掘上田の楽しみ

掘上田の連載を読まれた知り合いの方から「掘上田の一番の楽しみは魚捕りだよ」と連絡を頂いた。しばしば、若い頃の魚捕り談議に花が咲いた。印象的だったのは、ホッツケの穴に手を入れて素手で魚を捕る話であった。

このように各地の掘上田で必ず話に出るのが、収穫後に行われる「カイボリ」や「カイドリ」と称して行われる魚捕りである。

ホッツケは大きさや深さなど形態も異なり、そこに生息する魚もさまざまである。ウナギが多く捕れる所は「ウナギッポリ（うなぎ堀）」、鯉が多く捕れる所は「コイッポリ（鯉堀）」などと呼ばれる。

漁法には、カイボリ・釣り・網（投網《とあみ》、四手網《よつであみ》）・やす（ウナギカキ、突きヤス）・筌《うけ》などいろいろな方法がある。

魚の種類は、コイ・フナ・ナマズ・ウナギ・ライギョ・ドジョウ・ざっこ（雑魚）などと多い。捕れた魚は親戚などに甘露煮にして配ったり、近くの魚屋に売りに行ったりした。これらの魚は貴重な蛋白源として重宝された。

漁法について見てみたい。カイボリは水車《みずぐるま》で半日、ホッツケの水をかい出し、水が少なくなるとウッツリという桶で水をかい揚げる。カイボリでは、筌を設置し、魚を捕るのも楽しみであった。

網を用いた漁法にサデアミがある。カイボリで水が少なくなり、魚の姿が見えるようになると、サデアミですくい捕った。サデアミは輪にした針金に袋状の網を付け、四、五メートルの長い柄の漁具である。

写真はウナギカキによるウナギ捕りの様子である。ウナギはホッツケの泥の中にいるが、ウナギのいる近くに二つの吹き穴が開いている。この吹き穴を探し、二つの穴の中間をウナギカキでかいて捕る。

図は四手網と突きヤスでの魚捕りの様子である。四手網の柄の部分は普段使用しているものよりも柄が長い。突きヤスは鋭利な金具を棒の先端に付け、突き刺して魚を捕まえる。なお、図の右上に見える田んぼ側に入り込んだ短いホッツケは、キリコミという魚捕りの施設である。キリコミの内側に大量の枝を入れ、魚のすみかとして、突きヤスなどで魚を捕まえる。

ウナギカキによるウナギ捕りの様子（『大島新田の歴史と民俗　第二集』より）

四手網と突きヤスでの魚捕りの様子　宮代町郷土資料館提供

7 感謝と畏怖、共存次代へ

県東部地域に暮らす人々の信仰や住まい方、生業《なりわい》などについて紹介してきた。共通するのは、水の恵みへの感謝と水への畏怖、水と共存する生活である。次代に伝えたいことをまとめてみたい。

水神信仰では、水難除けの水神として「八大龍王」「九頭龍大権現」などを見てきた。これらの水神は、被害者の供養だけでなく増水時に守るべき大切な場所を示しており、自然災害が多数発生している今日の防災対策への教訓ともいえる。

漂着神信仰では、仏像、神輿《みこし》、獅子頭など多彩な伝承を見てきた。洪水で壊滅的な被害を受けたときに神仏が漂着して、復興と繁栄をもたらす吉兆と捉え希望をつないだのだろう。

人柱伝承では、堤防の復旧工事完遂のために犠牲になった巡礼の母娘の伝承を中心に見てきた。さらに土手切り伝承では、自己を犠牲にして土手切りを行い村を救ったという恩人の話である。

このような信仰や伝承は地域共同体として自然災害を記憶し、継承する知恵だった。地域に育まれた大切な信仰や伝承を理解しながら後世に伝えていきたい。

住まい方として洪水時に人命や財産を守る「水塚《みづか》」を見てきた。印象に残ったのは、洪水時の避難で持

漂着神信仰—聖徳太子像（春日部市）

水神信仰—八大龍王（松伏町大川戸）

水神信仰—八大龍王と水神宮（三郷市谷中）

漂着神信仰—松伏神社のささら獅子舞（松伏町松伏）

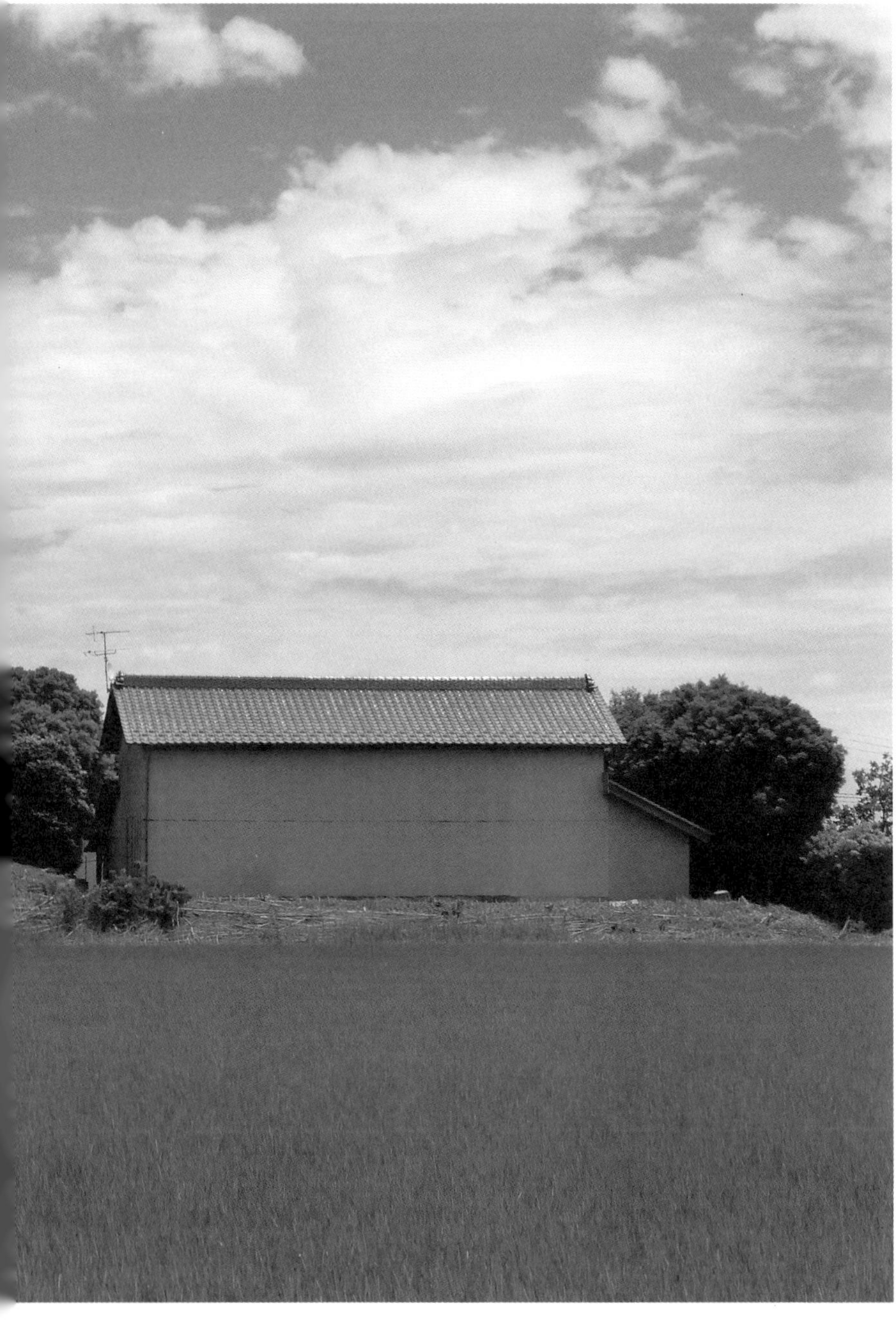

東部地域の水田地帯にみられる典型的な水塚（加須市）

ち主は主屋の二階に避難し、他所の家族が水塚を使用したというケースである。緊急時には、地域全体で互いに助け合っていこうという姿がみられる。水塚は近年減少傾向にあり、存在すら忘れられつつある。いま一度、防災施設としての水塚を見直し、先人の工夫と知恵に学ぶ必要があろう。

生業として東部地域の特徴的な「掘上田」を見てきた。掘上田は、今日では見ることがなくなったが、先人たちが低湿地の悪条件を克服して行った伝統的な稲作であった。

継承されている「水と暮らしの信仰」を紹介しよう。加須市砂原には砂原弁財天が祀《まつ》られている。この弁財天には、延享二年（一七四五）の利根川決壊の修復工事を行っているところに故郷に帰ってきた巡礼の娘が入水して決壊口を塞ぐことができたいう話が伝わる。この娘の霊を慰めるために弁財天として祀り、懇《ねんご》ろに供養した。砂原の人々は、今日でも毎月二一日に縁日として集まって御斎（オトキ）と称し、供養を行う。二七〇年以上の伝説を今でも大切に思いオトキを行っている事実そのものが尊いことである。このように、さまざまな伝承が今日でも大切に伝えられている。

人柱伝承—砂原弁財天社のオトキに訪れる人（加須市砂原）

第六章
ウィズコロナの民俗行事―天王様と獅子舞―

大蛇作り―悪病除けの行事としての大蛇作り。胴体の部分と頭部をつなぎ合わせると全長３メートルほどの大蛇が完成する（加須市弥兵衛）

1 コロナに負けず託す願い

加須市弥兵衛地区　疫病退散の民俗行事

新型コロナウイルスの影響で、各地の祭礼はどこでも中止を余儀なくされた。県東部地域では、例年市内外から大勢の見学客が訪れる久喜市の提灯祭りや、七月に各地で行われている獅子舞によるムラ廻りも軒並み中止になった。

夏祭りは、天王様とも呼ばれ、山車や神輿《みこし》が繰り出すにぎやかな祭礼であるともに、疫病退散や災いをはねのけるために行われるものである。祭り関係者に話をうかがうと、明治時代にコレラ防御を願って提灯祭りを実施したように、コロナ禍で祭りができないかと苦心しているという。

各地の夏祭りが中止になる中、加須市弥兵衛地区の鷲神社では、令和二年（二〇二〇）七月五日に「大

大蛇が巻き付けられた鳥居の前に集まる関係者

蛇作り」と「獅子による辻固め」が行われた。鷲神社は元文三年（一七三八）の悪病流行時、霊験あらたかな愛知県津島市の津島神社を勧請した八坂大神社や八幡神社などを合祀して村社となった由緒ある神社である。弥兵衛地区は、利根川が地区の北を流れ、埼玉大橋の東に位置する田園地帯にある。

弥兵衛の境において獅子と宝剣を用いて行われた辻固め

道路の片側に取り付けられる注連縄

弥兵衛の天王様の御神体と神輿は、「社記」によると「或る年利根川の大洪水の折り、この地に流れ着いたのを当地の谷口家、岡田家の先祖が拾って祀《まつ》った」ことに由来するという。このような流れ着いた神仏を祀ることを「漂着神信仰」というが、加須市域の利根川沿いに多い伝承である。

　天王様の行事は、悪病除けの行事として、かつては六月下旬に大蛇作り、七月七日に大蛇の飾り付けを行い、神輿の御霊入れを行う。一五日に境内で神輿を担ぎ、威勢よく揉み、地区内を悪病から守った。一六日に神輿を戻す還幸祭が行われた。

　七日の午前八時から釜番（当番）が集まり、長老の指導を受けながら大蛇作りが行われた。大蛇は大きく、頭部と胴体で構成される。はじめに、長さ約二・五メートル、太さ約一五センチメートルの棒状に整えられた藁を三本、大きな注連縄を綯《な》うようにして、胴体部分を作る。頭部は上顎、下顎、ベロ（舌）で構成され、上顎、下顎、ベロの形は同じ小判形で、ベロの部分を小さめに作り、赤い布を巻き付ける。目玉はゴルフボールを金色の色紙で包んで作る。上顎と下顎を重ねて麻で縛ると頭部が出来上がる。胴

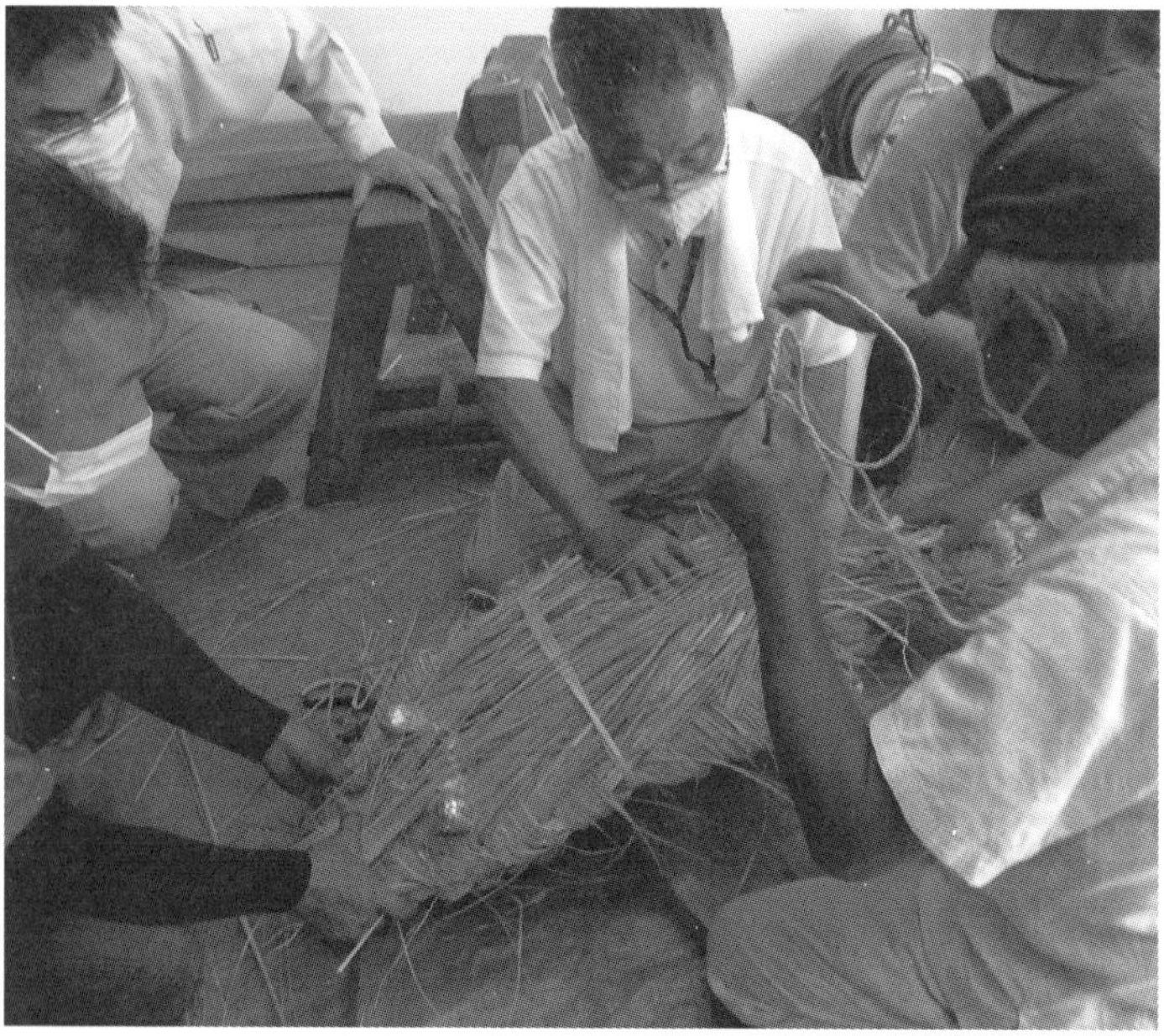

大蛇作り―頭部を作る

大蛇作り―頭部と胴体をつなぎ合わせる

鳥居に掲げられた大蛇

体の部分と頭部をつなぎ合わせると全長三メートルほどの大蛇が完成する。

大蛇は、鳥居の貫《ぬき》に頭が東を向くように巻き付ける。「大蛇が落ちると大水が出る」と言われているので、一年間、大蛇が貫から落ちないようにしっかり結び付ける。大蛇には魔除けの意味があるという。

獅子による辻固めは、弥兵衛地区と他地区の境四か所で行われ、二頭の獅子頭と宝剣を用いて、地区内に疫病が入らないように祈祷する。辻固めは、かつては道路の両側に篠竹を立て道路をまたいで注連縄を張ったが、今では道路の片側に立てる。

各地で夏祭りが中止になっている中、弥兵衛地区では伝統を絶やさないようにと、釜番が総出で行われた。五年に一度回ってくる釜番に大蛇作りの技を伝えていくことができた。

令和二年も弥兵衛地区では、大蛇が鳥居の上から大きく口を開き、東方を睨みながら地域を見守ってくれていた。

2 ウィズコロナでの獅子舞

三郷市戸ヶ崎　三匹の獅子舞

コロナの影響で各地の祭礼や伝統芸能が中止になった。最近では少しずつではあるが、規模を縮小し祭礼行事が行われる話題を耳にすることもある。

このような中、三郷市戸ヶ崎の香取浅間神社では令和四年（二〇二二）七月一日、二日、三日の祭礼に獅子舞が奉納された。境内は大勢の人出で賑わい、小中学生たちや親子連れなど楽しいひとときを過ごしていた。三年ぶりに境内には終日、獅子舞の笛や太鼓の音が響き渡っていた。筆者は三日目に鈴木重臣宮司、篠田進氏子会会長、成島一男同副会長の皆様から感染予防の取組みについて伺った。

戸ヶ崎三匹の獅子舞　この獅子舞の起源は、天正一〇年（一五八二）に悪病退散、五穀豊穣を祈願して始まったと伝わり、三頭の獅子が拝殿前で勇壮に舞う三郷市指定無形民俗文化財である。戸ヶ崎の獅子舞は県東部地域で最も盛況に行われ、三日間で二七庭もの獅子舞が奉納されることもあった。

コロナ感染予防対策　香取浅間神社と獅子舞保存会では、「三匹の獅子舞実施感染症予防対策マニュアル（以下、マニュアル）」を作成して、祭り参加者に感染対策の励行を求めた。祭りには、氏子や獅子舞関係者ばかりではなく、露店商、参詣者など大勢の市民も見学に訪れる。したがって、地域、学校、警察、消防、露店商など多くの人たちと連携しながら理解と協力を得て、初めて安全な祭礼を行うことができる。

一例を示すと、一八歳未満の獅子舞参加者には保護者の同意書を提出してもらった。また、露店商に

獅子舞関係者や観客もマスク着用

舞場周辺には大型扇風機を設置した

対しては、ワクチン接種証明や健康管理シートの提出など細かく予防対策を示した。なお、出店数は例年の半数の四〇店と縮小し、密になることを避けた。

獅子舞関係者の予防対策　多くの獅子舞保存団体で苦慮しているものの一つに獅子頭を他の舞子が次々と被ることや笛方などが密になることがあげられる。マニュアルでは、細かく獅子頭、太鼓、花笠や祭具の消毒方法を示している。獅子頭については、獅子舞が終わると約一時間の消毒作業時間を設けた。このため、例年一日に九庭程を奉納するが、今回は一日五庭と少なくした。笛方については、一人一人にパーテーション等の飛沫防止対策を講じた。

獅子舞を奉納する場所である「庭」については、立ち入り禁止区域の設定、周辺に大型扇風機を設置した。また、庭係の人数を制限し、ソーシャルディスタンスを確保するようにした。なお、舞庭全体に扇風機で消毒液を散布して、舞庭全体を除菌空間とした。

パーテーションに仕切られ演奏する笛方

例年の半分の 40 店舗に減らして出店した露店

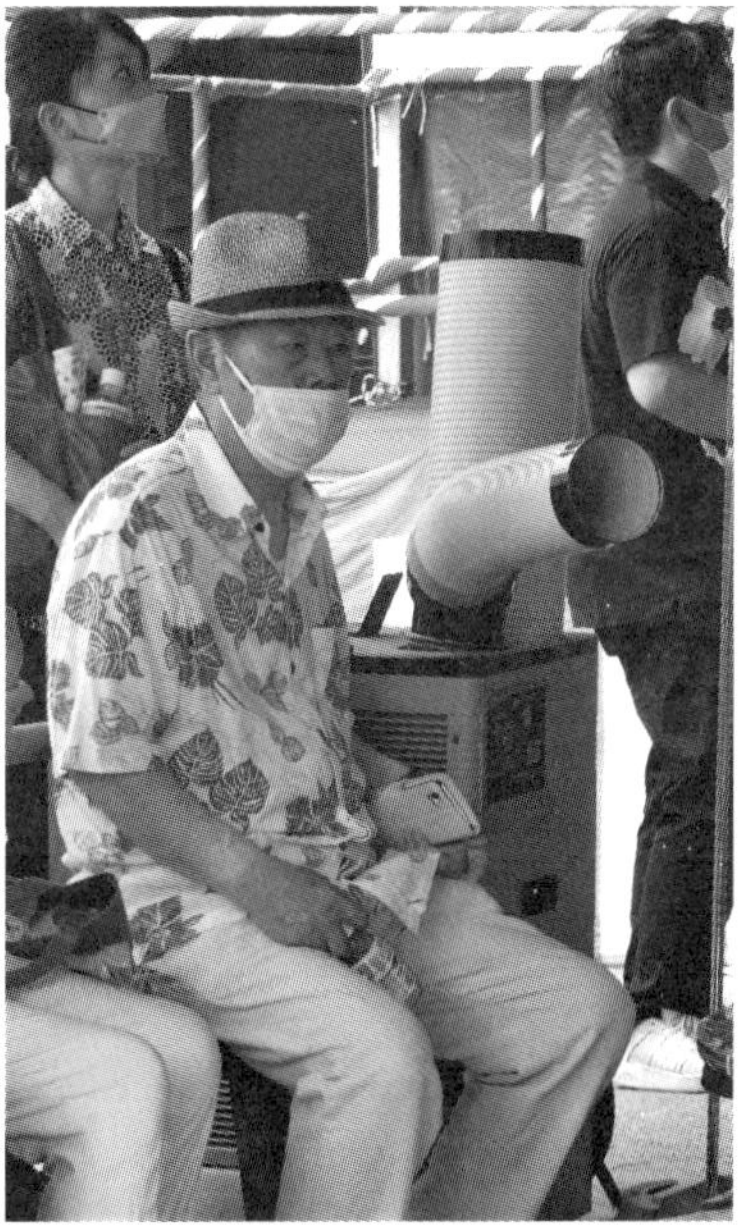

左隅に置かれた空気送風機で舞場全体の空間除菌

祭礼関係者の感染予防対策　健康チェックシートを三日前から記入し、一四日間を経過するまで保管する。獅子舞を奉納する舞子は、当日の朝か直前に抗原検査を受け、陰性が証明された者のみとした。

マニュアルの豊富な取組み　マニュアルでは、「一人一人が守るべき基本行動」、「祭礼前に行うべき基本行動」、「祭礼中に気を付けるべき基本行動」などと場面ごとに細かく示している。祭礼前に行うべき基本行動の注意事項として、集団での会食、不要不急の外出、体調の管理をあげている。

マニュアルの普及を　鈴木宮司はコロナ感染対策に対して「正しい認識と正しい対策」の必要を唱え、抗原検査の実施や予防対策機器の備え、最新の情報を収集して現状での最善策を施したという。正に万全を尽くした対応といえよう。香取浅間神社の獅子舞奉納に当たって作成された感染予防対策（マニュアル）は各地の伝統芸能保存団体に大きな示唆を与えている。

主な参考文献

韮塚一三郎『埼玉県伝説集成　下巻　信仰編』北辰図書　一九七四年
韮塚一三郎『埼玉県伝説集成　中巻　歴史編』北辰図書　一九七六年
板垣時夫『埼玉県東部の民俗　上巻』さいたま民俗文化研究所　二〇一九年
板垣時夫『埼玉県東部の民俗　下巻』さいたま民俗文化研究所　二〇二〇年
小林文男『埼玉県東部低地の風土と人間生活―特に水塚を事例として―』一九八七年
柳正博「古利根川・中川の水神信仰」（『八潮市史研究　第8号』）八潮市　一九九一年
『中川水系　Ⅰ総論・Ⅱ自然　中川水系総合調査報告書1』埼玉県　一九九三年
『中川水系　Ⅲ人文　中川水系総合調査報告書2』埼玉県　一九九三年
『埼玉の獅子舞』埼玉県教育委員会　一九七〇年
『埼玉の神社　北足立・児玉・南埼玉』埼玉県神社庁　一九九八年
『八潮市史　民俗編』八潮市　一九九五年
『三郷市史　民俗編』三郷市　一九九一年
『吉川市史　民俗編』吉川市教育委員会　二〇〇一年
『岩槻市史　民俗資料編』岩槻市教育委員会　一九八四年
『白岡町史　民俗編』白岡町　一九九〇年
『栗橋町史　民俗Ⅱ』栗橋町教育委員会　二〇一〇年

『杉戸町史　民俗編』杉戸町　二〇〇五年
『大利根町史　民俗編』大利根町教育委員会　一九九八年
『埼葛・北埼玉の水塚』東部地区文化財担当者会　二〇一三年
『大島新田の歴史と民俗　第一集』杉戸町文化財専門委員会　一九八二年
『大島新田の歴史と民俗　第二集』杉戸町文化財専門委員会　一九八六年
「企画展 the 笠原沼　笠原沼の開発と歴史」宮代町教育委員会　二〇〇〇年
『戸ヶ崎獅子舞之由来』戸ヶ崎獅子舞保存会篠田長一郎編輯　一九七七年
『埼玉の狛犬』埼玉の狛犬製作委員会　二〇二〇年

お世話になった方々と機関（敬称略・順不同）

延命院、清浄寺、小流寺、観福寺、第六天神社、戸ヶ崎香取浅間神社
大舘勝治、中村啓子、柳　正博、石井秀誉、藤井壽雄、小島和彦、布施浄明、篠田正昭、鈴木重臣、篠田　進
成島一男、浜田町子、上野栄梨子、賀島　功、加藤幸一、金子　栄、青木　茂、加納春雄、佐藤好利、長浜理史
小林弥太郎、駒宮孝夫、田上良平、大澤栄一、大澤　勝、森田幸夫、中村隆夫、宮崎　博、高山　治、山﨑功二
横内美穂、小沼幸雄、堀内謙一、坂本征男、杉山和徳、石橋まり、八子将之、小野　充、長谷川清一、岩渕美恵
三郷市教育委員会、八潮市立資料館、吉川市教育委員会、宮代町教育委員会、杉戸町教育委員会
久喜市教育委員会、加須市教育委員会、宮代町、宮代町郷土資料館、東部地区文化財担当者会

おわりに

埼玉新聞の県央・県東版の火曜日に「水と暮らしの信仰」と題して、連載を始めたのは令和二年一一月一〇日からであった。以来、掲載回数は四二回、期間は令和三年一〇月一二日まで続いた。当初は三〇回程度の掲載予定でのスタートであったが、連載を始めると次々と内容が浮かび、連載回数を増やしていただいた。本書はこの連載をまとめ、訂正・加筆したものである。

掲載にあたっては、埼玉新聞社の東部担当記者の保坂直人記者には大変お世話になった。企画の段階から、テーマ設定などさまざまなアドバイスをいただいた。埼玉新聞に連載を続けた約一年間の生活リズムは、毎週末に保坂記者に原稿を送り、語句の使い方などについてのやり取りが習慣となった。「今回の水神は面白いね」「水塚はいつも近くで見ているよ」などと励まされ、調子に乗せられ、楽しく続けることができた。また、新聞読者の知り合いの方や友人から「毎週楽しみにしているよ」との言葉を励みに続けられた。

なお、刊行にあたり埼玉新聞日曜版の「文化ワイド面」に掲載された「コロナに負けず託す願い」と「ウィズコロナの民俗行事」の二編も掲載した。さらに、トピック的な出来事をコラムとしてまとめ、六編を掲載した。

本書は県東部地域に暮らす人々の精神文化や伝統文化などに注目しながらまとめたものである。多くの読者の皆さんに東部地域の先人が築いた豊かな歴史・文化・伝統をいま一度見つめ直し、地域愛の醸成、さらに地域の活性化の一助になれば幸いである。

最後に、こうして一冊の本にまとめられたことに対し紙面より埼玉新聞社クロスメディア局の高山展保氏、担当の保坂直人記者、校正作業をお手伝いいただいた中村啓子氏、ブックデザインや編集を担当された星野恭司氏の皆さんに心から感謝と御礼を申し上げる。

東部地区の文化財担当者の皆様には、それぞれの地区の記述にあたっては大変お世話になった。また、各地で聞き取り調査や写真撮影に協力をいただいた多くの皆様にお礼と感謝を申し上げる。

令和五年三月

板垣時夫

《著者プロフィール》

板垣 時夫（いたがき ときお）

1952年（昭和27）埼玉県白岡市に生まれる。

1978年（昭和53）白岡町に奉職し、白岡町史編さん室長、生涯学習課長、教育部参事などを歴任、平成25年に退職。

◎著書

『埼玉県東部の民俗　上巻　祭り行事と民俗芸能』
さいたま民俗文化研究所　2019年

『埼玉県東部の民俗　下巻　水と暮らしと信仰』
さいたま民俗文化研究所　2020年

水《みず》と暮《く》らしの信仰《しんこう》—川《かわ》を巡《めぐ》る民俗文化《みんぞくぶんか》

発行日　令和5年（2023）3月1日

著者　板垣 時夫
発行者　関根 正昌
発行所　株式会社埼玉新聞社
〒351-8686 さいたま市北区吉野町2-282-3
ブックデザイン　星野恭司
印刷・製本　株式会社エーヴィスシステムズ

©Tokio Itagaki　ISBN978-4-87889-539-5 C0039　Printed in Japan 2023